JN199864

検証

沖縄の棒踊り

勝連盛豊

沖縄文化社

中学生 2000 名によるスーマチ（第 42 回国民体育大会　海邦国体）

2000名によるスーマチ

各地のスーマチ

津堅潮巻棒（うるま市勝連）

白保スーマチ（勝連城跡での奉納棒／石垣市）

保栄茂スーマチ（豊見城市）

瀬底潮巻き（本部町）

祖納のヤフヌティー（竹富町／西表島）

新垣の道ズネー（糸満市）

波平の道ズネー（読谷村）

湧川の道ズネー（今帰仁村）

野原のマストリャー（宮古島市上野）

川満の棒踊り（宮古島市下地）

各地の組棒

エーク対トゥジャ（南城市／奥武島）

数久田の二人棒（名護市）

備瀬の棒踊り（本部町）

津波古の三人棒（南城市佐敷）

白保のカマ対ヤリ（石垣市）

六尺薙刀（与那国島）

昭和初期の棒術

棒踊り　村の踊りの中でいちばん勇壮な棒踊り（昭和初期）

棒術組手　地方で盛んな棒術（昭和初期）

各地のフェーヌシマ

昭和初期の安里フェーヌシマ（那覇市）

熱田フェーヌシマ（北中城村）

伊江ペンシマ（伊江村）

小浜島のダートゥーダー

検証

沖縄の棒踊り

はじめに

昭和六十二年、全国を一巡した第四十二回国民体育大会秋季大会海邦国体が開催された。開閉会式で演じられた郷土部門、空手部門、スポーツ活動部門、幼児部門、婦人部門、小学生部門、高校生部門そして中学生部門は、各部門とも構想一年、練習二年の時間を費やしただけあって大集団での演技は圧巻であった。

その中の中学生部門二〇〇〇名による「たくましく生きる島人」は、エーク（櫂）を持ち、二つの大きな渦を巻いていき、遠い昔よりウチナーンチュ（沖縄人）が勇壮果敢にしてサバニ（小舟）を操り、南蛮貿易を拓き、その名を世界へ轟かせたようすを表現した。いわゆる沖縄各地に伝わる集団棒「スーマチ」をモチーフにしたものである。

集団棒「スーマチ」とは、数百名の六尺棒を持った棒人衆が一列縦隊となり二列縦隊となりして大渦を巻いたり解いたりしながら集団演技をくりひろげ、最後は六尺棒あるいは三尺棒の組み合わせにより一人棒、二人棒、三人棒、四人棒などの組棒を演じる棒踊りである。

六尺棒、あるいは三尺棒を軽快な歌に合わせ激しく打ち合わせて踊る「棒踊り」は全国各地に見られるが、数百名からなる集団棒「スーマチ」は全国に類がない。沖縄には棒術、村棒、舞方棒、獅子舞と棒、大綱曳と棒、そしてフェーヌシマ（南島踊り）など棒に関わる芸能は多い。こうした芸能はいつ頃、どのようにして出来たのであろうか。

第一編の集団棒スーマチとは、第二編の赤いカツラをかぶり意味不明な歌で踊るフェーヌシマ（南島踊り）とは、沖縄県内各地の棒踊りを比較しながら、また全国の棒踊りや中国の棒術、韓国の農楽との関連があるのか検証してみたい。

●表紙写真（撮影／徳元葉子）
上　南城市奥武島のスーマチ
下　那覇市安里のフェーヌシマ

検証

沖縄の棒踊り

目次

はじめに

第一編　スーマチ棒

第一編　スーマチ棒

第一章　沖縄の村棒・スーマチ

一　棒踊りの種類

沖縄の棒は古武術としての棒術と、各村の村芝居で行われている棒踊りに大別される。棒踊りをさらに分けるとスーマチ、組棒、舞方棒、フェーヌシマ（南ヌ島）等がある。

棒踊りの種類

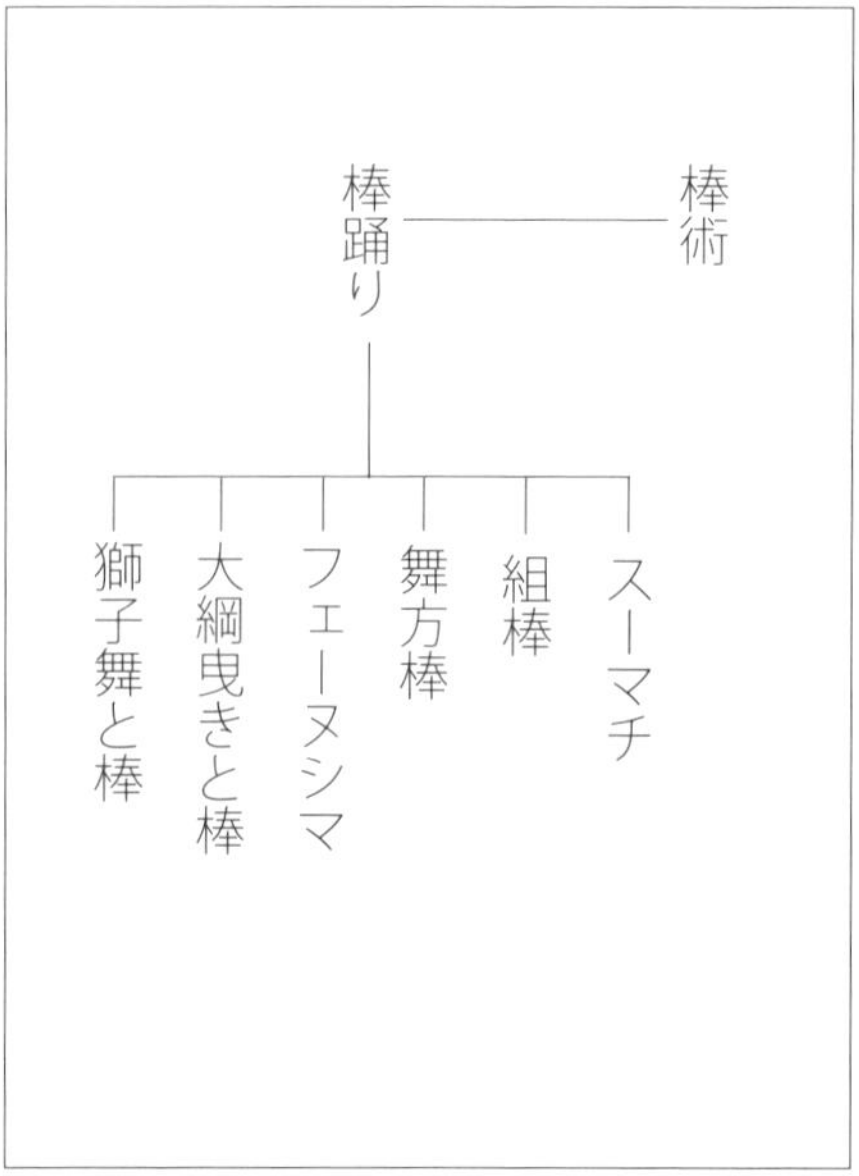

二　スーマチとは

スーマチは数十名から数百名近くの六尺棒を持った男衆が一列縦隊になって大巻の渦を巻いたり、解いたりしながら二手に分れていき、さらに二つの小巻の渦を巻いたり解いたりする集団演技のことで、その後に組棒を演じる。

組棒は一人棒、二人棒、三人棒、四人棒、五人棒がある。一定のリズムで呼吸を合わせて、突く、払う、打ち下ろす、受ける、払う、跳び上がり、身をかわしたりして交互に演じる。武器は主に六尺棒で行うが、尺小（しゃくぐゎあ）といって三尺棒との組み合わせで、六尺棒対三尺棒、三尺棒対三尺棒などがある。さらに長刀、刀、槍、ティンベー、青竜刀等の組み合わせにより五十種類近くの組棒を演じる地域もある。

スーマチは龕《がん》の年忌との関わりで、七年マール（順番）、九年マール、十三年マールの必ず奇数年に行うとしているが、各地のスーマチの開催年を調べてみると必ずしもそうでもない。明治二十八年の日清戦争勝利祝勝会、大正二年の第一次世界大戦前年に勝利祈願、昭和三年の昭和天皇即位、昭和十六年の太平洋戦争開戦の年には、勝利祈願としてスーマチが那覇泊の潟原で行われ、そして各地では村の大きなお祝い事がある年や反対に疲弊した村が活性化のために村芝居を開催した時に行われている。

つまりスーマチは村民総出で行うために多額の経費を要し、毎年開催することは不可能であることから大抵亀の年忌にあたる年が選ばれるのが通例になっている。

村芝居が決定すると、役割、稽古日程を決め、まず一番の名誉とされる声調べをして、「組踊の按司」「女按司」「若按司」「大主」などを選ぶ。その他は、希望によって「ヂーニンズ（踊り人衆）」とスーマチを演じる「ボーニンズ（棒人衆）」に分けた。

踊り人衆はさらに「ハオドリ（羽踊り組）」と「狂言組」に分けられ、棒人衆からは「フェーヌシマ（南ヌ島）」が選ばれ、数か月かけて稽古が行われた。

(1)　道ズネー

村芝居の初日は道ズネーといって、日本古代の風土記にある「道備」の文字を当てるもので、踊り人衆、棒人衆全員が舞台衣装を着て旗頭を先頭に、鉦や太鼓、法螺を打ち鳴らしながら村中をパレードすることを言う。広場や四辻で舞踊や棒の奉納を演じてから御嶽やガンヤー（龕屋）に向かい、そこで再び舞踊や棒の奉納をして五穀豊穣の祈願を行う。

その後、バンク（舞台）のあるアシビナー（遊び庭）において、棒人衆によるスーマチと組棒を行い、終了すると村芝居に移る。

村芝居の演目は、どこの村でもだいたい同じようなもので、組踊、狂言、口説類、二才踊り、チョンダラー（京太郎）、空手、棒、サイなどの武術、フェーヌシマ（南ヌ島）などを男衆でやった。

三　スーマチの語源と陣形

各村ではスーマチのことを総巻、衆巻、潮巻等の文字を当て、陣形名のグーヤーマチ、チクラマチ、タカマチ、潮巻などと混同しているのがほとんどである。

スーマチの呼称名と陣形名

総巻

呼称名
- 衆巻
- 棒スーマチ
- スーマチ
- 棒マチ
- マチ棒

陣形名
- グーヤーマチ
- タカマチ
- ンカジマチ
- ガクヤマチ
- チクラマチ
- サーターヤーマチ
- ウママチ
- 龍虎の巻
- インジラーマチ
- 潮巻
- マンナマチ
- ゼーマチ
- 三向巻

サーターヤーマチ

タカマチ

グーヤーマチ

インジラーマチ

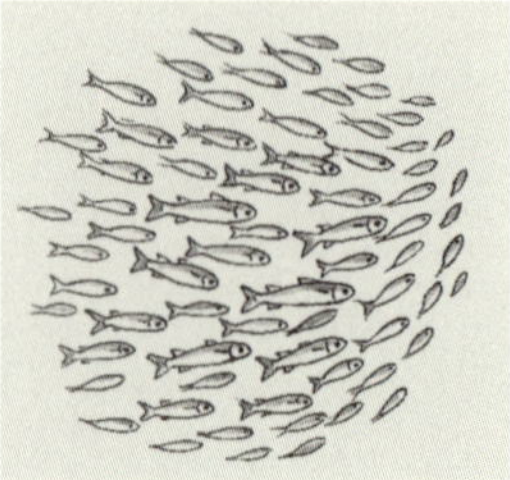
チクラマチ

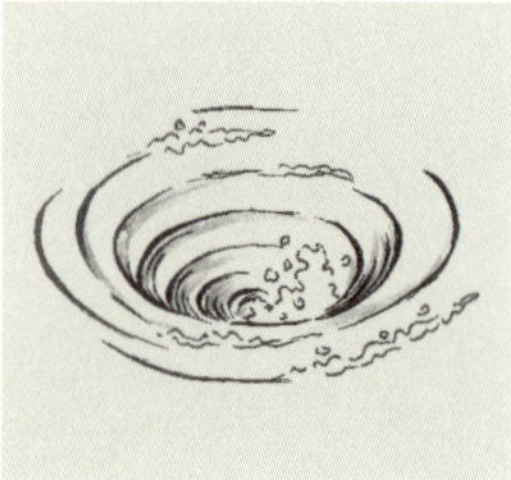
潮巻

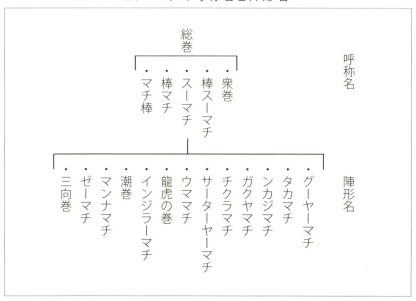

ガクヤマチ

ンカジマチ

龍虎の巻

(1) スーマチの語源

スーマチのマチは巻のことである。スーは琉球語で潮の意味もあるが、ここでのスーの意味は、潮のことではなく総勢のことで、例えば総踊りのことを琉球語では「スーウドゥイ」といい、総引きは「スービチ」となる。つまりスーマチは総巻（ソーマキ）が転訛したものとするのが妥当であろう。

(2) いろいろな陣形名

陣形・巻き方は各村で異なり、グーヤーマチ、チクラマチ、タカマチ、龍虎の巻、ゼーマチ、ガクヤマチ、ウママチ、ンカジマチ、サーターヤーマチ、三向巻、潮巻、マンナマチ、インジラーマチ等がある。

四　スーマチの構成

(1) スーマチの基本的な巻き方

スーマチは二組（紅白）からなり、敵味方がわかるように頭に鉢巻またはマンサージ（かぶり物）を締め、たすき、帯は必ず色分けをする。また先導者の旗頭は三角

スーマチの巻き方の基本

旗を持つか、または槍《やり》（紅組）か長刀（白組）を持ち、先には房を付ける。その旗頭の後に、六尺棒や三尺棒を持つ棒人衆が一列縦隊に並ぶ。

最初は紅組、白組の棒人衆が交互に入り一列縦隊になって、法螺貝や鉦鼓《しょうこ》のリズムに合わせて小走りで入場し、一つの大巻（渦）を円心に向かって左巻き（反時計回り）に描いていく。先頭が円心まで巻いたら、先頭は反転（時計回り）して巻を解く。先頭が渦の外に出たら、次は二手（紅白）に分れて、二つの小巻（渦）を描いていき円心に着いたら大巻同様に反転して巻を解いていく。最後は全員が数組の組棒を演武して終わるのが基本である。

旗頭　集団からなるスーマチの入場は周囲を圧倒し、一個隊の軍団が進軍するかのようである。その集団の先頭に立ち先導する旗頭が三角旗の白地に日の丸を配した旗を持つ。地域によっては長刀持ちと槍持ちのところもある。三角旗は、琉球の大交易時代に活躍した進貢船の船旗《せんき》からきている。船尾には琉球王朝の紋を翻し、帆柱

進貢船の三角旗

旗頭（今帰仁村湧川）

の先には三角旗、百足旗、七星旗、大神旗、五色旗を掲げ航海安全を祈願する意味を持つ。三角旗は、この世の最高の象徴である太陽を表わし、琉球国の船舶旗としている。つまりスーマチの先導者が持つ三角旗は琉球国を代表していることを意味している

扮装　白装束にタスキをかけるか陣羽織をつけ、黒白の縦縞の脚絆《きゃはん》を巻き裸足になる。頭にかぶるマンサージ（長い手ぬぐい）やタスキ、帯は、双方が区別できるように必ず色分けをする。

マンサージ　頭に巻く長布（サージ）の結び方。幅三〇センチ、長さ一八〇センチもある布を三分の一で二つに折り、その折り合わせた状態のままを後頭部に当て、丈の半分のところで左右に回して、前頭部で交差させて後頭部で結ぶ。

向こう鉢巻　鉢巻の締め方の一つで、琉球舞踊「二才踊り」の額の前で結ぶこと。

向立《こうだて》　若衆踊りの頭飾りを指す語。金色などで華麗な感じを出すための紙飾りをいう。

脚絆　白黒の縦縞の脚絆は、琉球芸能のみに見られるもので御冠船踊りの二才踊りや若衆踊りからきている。

ウッチャキ　打ち掛け、または陣羽織といい、組踊からきている。

楽器　法螺貝、銅鑼、太鼓を連打するのは、元来は悪霊を追い払う意味をもつが、士気を鼓舞して音響効果をねらう。締太鼓、大太鼓、三線を使う地域や、今帰仁湧川においては、銅鑼、法螺貝の音とともに路次楽《ろじがく》の音色が山原の山奥に鳴り響く様は、沖縄文化の豊かさを見ることができる。

第二章　各地のスーマチの広がり

一　本島編

1　うるま市勝連津堅潮巻棒
チクラマチ

由来　津堅島の潮巻棒は、十三周期年毎に島あげての五穀豊穣、豊漁など島の繁栄を願う神事として、カミアサギ（神殿）のシキルンマー広場で行われる。昭和初期に行われたスーマチは、薙刀頭と槍頭を先頭に六尺棒を垂直に持った二〇〇名近くの男衆が銅鑼や太鼓、鉦鼓、法螺貝の勇ましい演奏のリズムに乗って駆け足で入場する様は周囲を圧倒したという。

棒人衆と衣裳　棒人衆は、黄組と紫組の二組からなり、紫組は頭に紫の長いサージ、白の上着に紫色のたすきを掛け、黒ズボンに白黒の縦縞の脚絆をつける。黄組は黄色のサージ、白の上着に黄色のたすきを掛け、黒ズボンに白黒の縦縞の脚絆をつける。

巻き方　津堅の潮巻は、必ずひとつの巻きを終えたら退場する。再び入場して次の巻きを演じて退場する方法をとっている。

入場　先頭は紫組が薙刀を持ち、黄組が槍を持つ。その後に六尺棒の男衆が背の高い順に紫組と黄組の二組に分かれて整列する。法螺貝の「プップップップップープープップップー」の合図で、一斉に「ヒャー・ユイッ」のかけ声で入場する。

津堅島のスーマチ

①行進のリズム

鉦鼓：♪　♪　♩　♩　♩（キリリンキンキン）

大太鼓と法螺：♪ー　♪ー（ボーン　ボーン）

○鉦鼓を静止の状態で聞く。最初のボーンで右足を右斜め前に出すと同時に、左足を右足に揃える。二回目のボーンで左足から反対動作を行う。以上の所作をくり返しゆったりと入場する。

②円陣を描く

○入場は薙刀頭、槍頭と続き、その後に紫組と黄組の棒人衆が交互に入り一列縦隊になって行進する。二〇〇mトラックの第1コーナーあたりに先頭が到着すると、法螺貝の「プップップップッププッー」の合図をする。同時に先頭の薙刀頭と槍頭は、薙刀と槍を頭上横に構え、「ヤー」のヤグイ（気合）をかける。棒人衆は六尺棒を左手は体前にして、右手は右肩の高さでやや右斜めに持ち、かけ足行進で左巻きに大きな一つの円陣を描いていく。

鉦鼓：♪　♪　♪　♪　法螺・太鼓：♩　♩

鉦鼓：♪　♪　♪　♪　法螺・太鼓：♩　♩

○円陣を組んだら法螺貝の合図「プップップップッププッー」で、全員一斉に円心に向く。右足を体前に一歩踏み出し、棒を前方へ打ち下ろす。次に左足を軸に右足を後方に引き、腰を下ろすと同時に棒を引き上げ「ヤッー」のヤグイ（気合）をかけ、再びかけ足行進で大巻の隊形に入る。

③大巻を描く

○かけ足行進で反時計回りに大巻に入る。

○先頭の薙刀頭と槍頭は円心に着くと薙刀と槍を頭上に高く上げる。それを合図に棒人衆も、一斉に棒を頭上高く上げて「サーサーサーサー」「サーサーサーサー」のヤグイ（気合）を一斉にかける。しっかり巻いたら、先頭の薙刀頭と槍頭は時計回りに方向を変えて渦を解いて行く。

○再び一列縦隊で外円を回って退場する。その時に最後の棒は尻を見せないようにたえず列について行く。

○最後の棒が到着すると同時に、薙刀頭と槍頭が先頭に紫組と黄組が交互に入り一列縦隊にかけ足のリズムで次の二つの円陣に向かって入場する。

④二つの円陣を描く

○図A地点に着くと紫組は右側へ反時計回りに、黄組は左側へ時計回りに二つ円陣を描く。
○法螺貝の合図「プップップップップッー」で、全員円心に向かって「エイッ」と棒を打ち下ろして腰を下ろす。
○小円の解きに入る（大円陣の所作と同じ）。

⑤二重外円を描く

○図Bの地点に薙刀頭と槍頭が到着すると、紫組は右回りに外円へ、黄組は左回りに内円へ行進する。
○外円の紫組と内円の黄組が交差するとき棒と棒を「カチカチ」と合わせて音をたてながら二重円をつくって行く。
○一周して紫組の薙刀頭と黄色組の槍頭が再び会うと法螺貝の合図「プップップッー」で紫組と黄組は互いに向かい合って棒を合わせ「ヤッー」とヤグイ（気合）をかけてその場に全員腰を落とす。
○黄組と紫組は再び一列となり、左回りに外円を回って退場し、最後尾が到着するまで静止待機する。

⑥二つの小巻を描く

○図Aの地点では、今度は黄組が右側に、紫組が左側に2つの小巻をつくる。
○双方とも小巻を解いたら中央に向かい蛇行行進をしながらお互いの棒を「カチカチ」と合わせて行進していき、中央で紫組と黄組は合流して一列縦隊となり左回りに外円を回って退場する。

⑦大巻スパイラル

○左巻きに大巻を描いたら、円心で紫組は左向へ、黄組は右方向へ水平に渦巻きを横切って行き、渦の外に出ると螺線（スパイラル）を描いて行く。
○図B地点で互いに合流して左回りに退場する。

⑧組棒（棒を横に持ち入場）

○全員で遊び棒を1回行い、棒を横にして座る。
○津堅棒の演武。
○組棒を順次演武していく。
○組棒が終了すると法螺貝「プップップップッー」の合図で「ヒャー」「ユイ」のヤグイ（気合）をかけて全員起立する。
○全員回れ右をして駆け足で退場。

潮巻棒図説

図1 円　陣

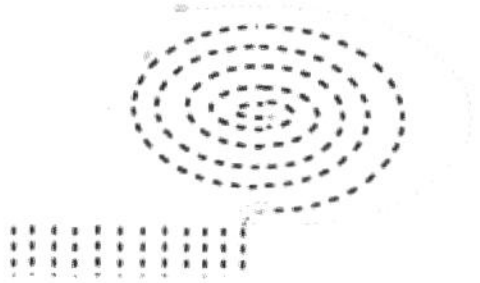

図2　大巻

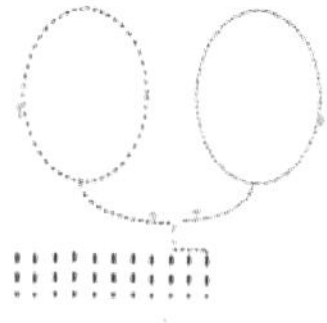

図3 二つの円陣

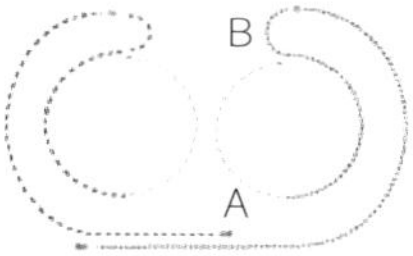

図4 円陣を解く

図5 棒をカチカチ合わす

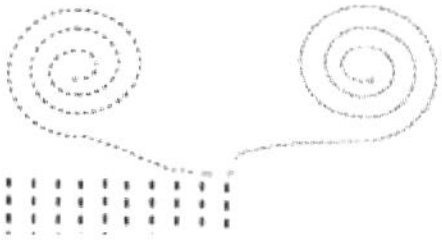

図6 二つの小巻

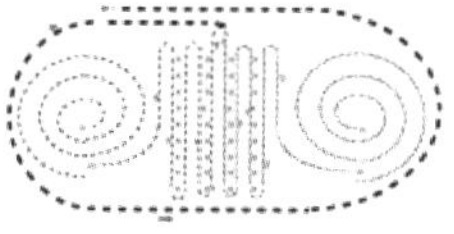

図7 小巻を解き蛇行へ

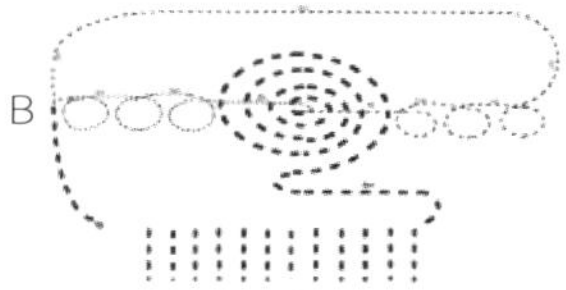

図8 大巻スパイラル

○法螺貝の「プップップップップッー」の合図で「ヒャー」「ユイ」のヤグイ（気合）をかけて潮巻棒を終了する。

※棒の種類　津堅棒・津堅砂かち・津堅クラシン棒

津堅棒の始祖・津堅親方

津堅島は勝連半島の南東約五キロに位置し、周囲八キロの小島である。

伝統芸能が豊富な島で、「唐踊り」、ヤマタノオロチ伝説の「マータンコ由来」、吟遊詩人と謳われた「アカインコ（赤犬子）由来」、総勢一〇〇余名からなる集団棒「スーマチ（潮巻）」と津堅棒が有名である。

空手は首里や那覇から各地に波及を見せるが、南海小島になぜ津堅棒が生まれたのか、また県内各地には津堅棒、津堅砂かち、津堅クラシン棒、津堅手、津堅棍手、津堅エークぬ手など津堅島に関わる棒名を伝えているのはなぜか。

津堅棒の達人たち

(1) 津堅赤人《チキンアカッチュ》（一八〇〇年代の人と推定）

「棒といえば津堅棒、津堅棒といえば津堅赤人」と謳われた津堅赤人は、六尺余りの筋骨たくましい大男で、力はあくまで強く、動作は敏捷で、実に天性の武人であったという。故あって津堅島のペークーガマ（洞）に隠遁していた津堅親方に唐手と棒術を学び、特に棒術は師を凌ぐほどの達人であったという伝説がある。

武勇伝には、坊主御主こと尚灝王（一八〇四年）の冊封の時に、町の治安維持役として任命され、那覇方面の警備をしていたある日、町娘へ乱暴狼藉をしている支那人を見つけ、海に放り込んで懲らしめた話や、津堅島沖で漁をしていた時に、暴風にあい朝鮮半島に流されて、そこで虎退治をした逸話がある。また津堅島の赤人門中によれば神棚には赤人を祀り、先祖代々、刀傷がある赤人のグーサン（杖）が戦前まであったが、戦争で焼失したという。

津堅棒は津堅親方よって完成され、赤人から赤嶺と米須へと伝承された説と、津堅ハンタ小武士から中村亀、玉城、津堅赤人、米須、祖堅方範への説がある。しかし赤人はもともと漁師であり無系のためにどれも確証はなく、推測の域は出ない。

⑵　津堅アカナー

ハンザ（波平）棒として県下に知られている読谷村波平棒は、一八五〇年頃、津堅アカナーが波平での年季奉公を終えて、津堅島に帰るときに世話になったお礼として、波平の若者たちに「津堅棒」を伝授したのが始まりとされ、その津堅棒を基礎に二人三尺棒、二人六尺棒、三尺棒対六尺棒など数組の組棒が創作された。

⑶　多幸山つぼやのタンメー

読谷村座喜味棒は、一八八〇年頃、読谷村多幸山の麓で、小さな炭焼き小屋を営んでいた津堅島の「つぼやのタンメー」から山城平三に伝授された津堅棒を基礎に、一番棒、二番棒、三番棒、不意打ち棒、畦流棒、三尺棒、三尺対六尺棒、三方棒三尺三人棒、六尺三人棒、牛若流が創作されている。

⑷　津堅幸良小

棒の達人ではないが、沖縄角力で名を馳せた津堅幸良小は、西原間切我謝馬場での「ユーバルガマー」との取り組みや屋慶名馬場での首里赤田のサクグイとの取り組みは剛力な男として今に歌い継がれている。

津堅幸良小や
赤田のサクグイとぅ
屋慶名馬上をてぃ
しまとぅいあらが
ヌンヌクイソイソイ
ヌンヌクソイソイ
竹床クィークィー
板床ドンドン

⑸　津《チ》堅《キン》繁《ハン》多《タ》小《グヮー》（生没不詳）

津堅繁多小は津堅島出身であるかは定かではないが、尚灝王代（一八〇四～一八三四）に繁多小棒を編み出し、九尺棒の逆手使いとされる。読谷村長浜棒は、明治末頃に津堅繁多小と浦添カンター、山内ウメーの武芸者を招いて棒術の指導を受け、それを基礎に赤坂棒、山内暗闇の棒、足きり、ウービ切り、カジ切り、裏打ち、大割、ふす打ちの型が創作されている。

佐敷村津波古の四人棒

一九一〇年頃の話である。知念半島の安座真浜から四人の若者を乗せたサバニが朝早く出て行く。ウェーク

（櫂）をひとかき、ふたかきをすると、あっという間に沖に出た。漁に出る様子ではない。まるで競漕するかのようにひたすらウェークを漕ぐ。やがて久高島を過ぎ、津堅島が目の前に迫ってきた。どうも目的は津堅島で行われている「棒まつり」のようだ。島に着くと、ヤンバル竹を片手に身をかがめながら高台に上がった。眼下の広場では筋骨たくましい男たちが、六尺棒を持って勢ぞろいしている。やがて四人棒（ユッタイボー）が始まると若者たちは手にしているヤンバル竹を動かした。この四人棒を盗みに来たのである。四人棒を確認した若者たちはサバニに乗り、一目散に安座真浜に帰った。ここで忘れないために、一度おさらいをして津波古に持ち帰ったというのである。一方の津堅島では、門外不出の大事な四人棒が、他島の者によって盗まれことを知り、大騒ぎになったという。

津堅ペークー

津堅島の集落から離れた北東側のヤジリ浜近くにペークーガマ（洞窟）がある。まわりは原野に覆われ、入り口は狭く見逃すほどのガマであるが、奥行きはかなりある。古老の話によると「津堅ペークー」という人が島に渡ってきて、そのガマで隠遁生活をしていたことから、「ペークーガマ」と呼ぶようになり、その人物が津堅島に津堅棒を伝えた「津堅親方」というのである。では、津堅親方は実在する人物なのか。

ペークーガマ

虚像　津堅親方

①沖縄芝居劇『大新城忠勇伝』

津堅親方が一躍世間に知られるのは、沖縄芝居劇「大新城忠勇伝」による。あらすじは王位継承騒動物語で、序幕は「庭先の場」、第二幕は「久米の学校」と続くが、この劇の見どころは第三幕の「首里正殿の場」であろう。嫡子王子を推す忠臣大新城親方と側女（津堅親方の妹）に生まれた次男王子を推す津堅親方との激しい論争と六尺棒を振り回しての大立ち回りは観客から大いに受けた。大立ち回りの末とうとう津堅は捕えられて、大新城親方が「この極悪非道な津堅を殺すのはまだ早い。世の見せしめのために三〇〇斤の大石をつけてチキンルー（津堅沖）に沈めよ」と叫ぶ。すると津堅は「これは面白い、津堅はただでは死なぬぞ、三度浮き上がって見せてやる青二才ども」と見得を切るところで幕となる。

島袋光裕著『石扇回想録』によれば明治三十七年に渡嘉敷守良作『大新城忠勇伝』が大当たりをとって以来、たびたび上演され、昭和五年に再演されたときは、当時の名優、真境名由康の大新城親方と津堅親方を演じる島袋光裕の立ち回りと激しい論争の場面は迫力があり、ますます人気が出たとある。

②王位継承騒動の実際

『中山世譜』によれば、王位継承騒動は実際にあったとされ、尚清王が病となり、三司官の新城親方安基（毛竜吟）、国頭親方景明（和為美）、城間親方秀信（葛可昌）の三人を枕もとに呼び「世子尚元を奉じて協力補佐し、国を安泰にしてくれ」と遺言して逝去。しかし国頭親方、城間親方の二人は、「尚元は身体が弱く、国政を担うには心もとないから、その弟、大伊江王子（尚鑑心）を立てて、王位に就くべし」と異を唱えたところ、新城親方はその言葉に大いに怒って曰く、「尚元はすなわち正妃の嫡子であり、世を継がせるのは古今の常道である。ましてや、我々は王命により遺言を頂いたのである。もし王命に背く者あれば身命をかけて、先王の地下に報じるのみである」と、その気迫に国頭親方、城間親方は恐れをなして言を失う。新城親方は群臣をひきいて尚元を王位に就かせ、国は安泰となったとあるが、その場には津堅親方という人はいない。

実像　津堅親方

①和睦交渉役の津見（津堅）

喜安入道蕃元著『喜安日記』によれば、一六〇九年薩摩が琉球を侵攻した時に、「西来院菊隠長老、名護良豊、江洲栄真（後の読谷山盛韶）を先として相伴う人々、喜安、津見（津堅）、池城親雲上かれこれ都合十余人が…」とあり、雨の中和睦交渉のため今帰仁の敵の陣地に向かう一団の中に津見（津堅）の名や後に津堅と対立する江洲栄真（読谷山盛韶）の名が見える。しかし、ここでは津見が当の津堅親方であるかどうかはわからない。

②騎馬に秀でる

『球陽附巻一』によれば、「津堅親方は名を盛則、唐名を全興盛といい騎馬に秀でてその名は薩摩まで聞こえ、維新公島津義弘（一五三五〜一六一九）から見事な騎馬さばきを認められ寵愛を受けて一時権勢を誇る。しかし津堅は心驕り人民を侮蔑して、その威勢は天下にとどろき、人々は恐れて諫める人はいなかった」とある。

『琉球国由来記巻四』には、「当国はむかしから騎馬法あり、その方法は大和から伝来する。万歴三十七年頃（一六〇九）に全氏津堅親方盛則が、薩州維新公（島津義弘）の命により、薩摩において滞在すること数年にして馬術法を習う。これは当国の騎馬法の始まり也」とあり、津堅親方が次々と正史に登場する。名を盛則、唐名を全興盛と言い、薩摩の琉球侵攻時の人物であることが明らかになり、『喜安日記』にある津見は津堅親方と同一人物である事が結びつく。

③津堅棒は示現流

眞境名安興著『沖縄一千年史』によれば「慶長時代に鐺棒法あり（自了傳）。また津堅棒とて津堅親方盛則の伝えし棒法あり、示現流剣術に酷似せり。沖縄の棒は六尺と三尺とあり、一つは鐺法にして他は剣術なりといふ。慶長時代に鐺棒法として伝えられしも亦これに因る」とある。

津堅親方が伝える棒は、薩摩の示現流剣術によく似ているとあるが、沖縄では三尺棒を尺小（シャクグヮー）と称し鹿児島の尺棒からきている。また示現流剣術の琉球への流入は一七七八年の『阿嘉直識遺言集』によれば、直識は息子に琉球では示現流剣術は何の役にも立たないが、まあケガしない程度に稽古をしなさいとの遺言を残していることや、尚灝、尚育、尚泰王の三代に渡って仕えた拳聖松村宗昆は、薩摩に渡り国事のかたわら薩摩の剣豪伊集院矢七郎に師事し示現流免許皆伝を得て、弟子

示現流　八相の構え

示現流　燕飛

の安里安恒や義村朝義に伝授していることを見れば広く普及している。しかも示現流剣術は、津堅親方によって一六〇〇年代には、すでに琉球に入り込んでいることになる。

示現流剣術は、薩摩独特の兵法で、東郷藤兵衛肥前守重位（一五六一～一六四三）を開祖とする。示現流の稽古は、丸太の棒をトンボの構え（右頭上に木刀を構えた型）から、目の前の立ち木に向かって、気合いもろとも左右交互に打ち下ろしていく一撃必殺の剣術で、薩摩では藩士はもちろんのこと武士以外の平民まで示現流剣術を習わせ、幕末の動乱の中で、中村半次郎はじめ多くの剣士が輩出し薩摩示現流の名を高めた剣術である。

六尺棒と三尺棒を激しく打ち合わせて踊る「棒踊り」というのが沖縄や鹿児島全域で盛んに行われているが、示現流の型を受け継いだものだと言われている。

さて津堅親方は、全興盛津堅親方盛則といい鹿児島で騎馬法と示現流剣術を琉球にはじめて伝えたと言う事で人物像が明らかになった。しかし、津堅島との関わりはまだ分からない。

④異様な事件

『球陽附巻二』によれば、全興盛（津堅盛則）は騎馬に秀でて、その名は薩摩にも聞こえ、惟新公島津義弘に招かれて、珍しい宝物を授けられ寵愛を受ける。これによって津堅は思い上がり、人民を侮蔑して、その威勢は天下にとどろきだれひとり逆らう者はいなかった。ある日、三司官毛鳳朝を訪ねて津堅曰く「ワレはかねてから津堅島を拝領することの文書を出したが、王の許可は出たのか音沙汰がないがどうなっているか」と詰問した。毛鳳朝怒って曰く「昔から今まで家臣が一島を専領したことは聞いたことがない」と突っぱねると、津堅は恥をかいて帰る。

一六一五年、津堅親方は具志川の田場港を竣工して、大和船の停泊港にしたいと文書で要請した。尚寧王はこれを許可し、津堅は築港奉行となり工事に取り組む。この時、毛鳳朝（読谷山親方盛韶）の長男、上江洲親雲上盛相が具志川間切総地頭だったので、ある日、首里から田場港の浚渫工事を見にやって来たが、たまたま病気になり暇を告げて家（首里）に帰り、病気を治してから再び田場港に赴いたところ、待ちかまえていた津堅親方曰く「君は病気を口実に首里へ帰り、王事（公事）を怠り、何の功労もないのに高官についている輩である」と叱りつけた。

上江洲は激怒したが、島津公の寵愛を受ける津堅親方の威勢に言い争う術もなく、すぐに首里に帰り、具志川総地頭職を辞職する。しかし事はそれだけでは治まらず、「津堅島拝領」の件に遺恨を持っていた津堅は、港工事が遅れたのは父親の三司官毛鳳朝にもあると尚寧王に嘘の報告をする。王は津堅の言葉を信じて、毛鳳朝は三司官職を解かれ末吉村の百姓へ、長男の上江洲盛相は粟国島に島流しとなる。

この事件のことを元祖中城護佐丸六世「上江洲親雲上盛相」崎原家門中誌には「富川家三代読谷山盛韶は島津進入後、謝名親方鄭迵の代わり三司官になった人である。長男盛相が具志川地頭として田場に赴任していたとき、当時具志川田場港の築港奉行の津堅親方盛則が、日頃から盛相の父盛韶を快く思っていなかったことから、盛相が病気治療で十日ほど首里に帰った事を理由に責任を問われ処分される。父盛韶も責任があるとして一時（約三年）三司官を罷免されたが、後に薩摩での裁判で津堅のたくらみが露見し、父子ともに前職に復したとある。

⑤津堅親方を鹿児島へ連行

この事件の真相は「津堅島拝領」を断られた腹いせに津堅親方が、上江洲親子を陥れたことに始まる。それにしても大人なげない奇妙な話だが、この事件は津堅親方の思いもよらない方向へ発展していく。『球陽附巻一』によればその年、琉球からの薩摩への報告書に、三司官毛鳳朝の名がないことに不審に思った光久公（家久の間違い）は、平田、猿渡の二人を琉球に派遣し調査をさせる。そこで津堅親方と毛鳳朝を鹿児島に連行し取り調べた結果、非は津堅の嘘の報告によるものとして、薩摩は次のような判決を下す。

⑥津堅親方を鹿児島に抑留

一六一七年（尚寧王二十九）の三月、薩摩の家老、比志嶋紀伊守・町田図書頭から琉球へ判決を伝える。

「覚」

一、江洲（毛鳳朝）の召し上げとなった知行は、彼に返すこと。

一、津堅の知行は、永代、召し離し（没収）とすること。

一、津堅と同役の越来の知行も召し上げ（没収）すること。

一、江洲の子の上江洲の遠島は取り消し、さっそく召し返して、本領を安堵すること。

一、津堅に対する沙汰状について、今は太守の上洛前であり、そのご帰国の後に御判をいただいた上、佐敷（尚豊）帰国の際に相渡すものとする。

そして、毛鳳朝は三司官に復職（一六一七年）させて琉球に帰し、長男の上江洲盛相も復職を果たす。一方の津堅親方は地位、財産をすべて没収され、鹿児島に抑留される。平民に落とされて琉球に帰されるのは、八年後（一六二五年）のことである。

⑦津堅親方ひそかに津堅島に渡る？

津堅親方については、一六二五年以後の消息は一切わからない。これは津堅親方が士族から平民に落とされて無系となり、家譜や琉球の歴史から完全に消えたからである。

ここからは推測になるが、地位、財産をすべて失い平民になった津堅は、首里で生き恥を晒すよりは、かねてから「津堅島の拝領」を願っていた津堅島へ一六二五年頃にひそかに渡り、ペークーガマ（洞窟）での隠遁生活を送ったに違いない。そして薩摩で示現流剣術の影響を受けた津堅棒を編み出し、世話になっている島の若者たちに教えたのが、津堅棒の始まりと見るのが妥当であろう。

⑧津堅親方の功績

『沖縄大百科事典』によれば、「具志川の田場港工事は頓挫し、結局貿易港とはなり得なかった」とあるが、『具志川村誌』には、「天願川口の開墾と田場港の浚渫工事は、薩摩に対する貢米の積み出しのために全氏津堅親方の計画によって、万暦四十四年頃（一六一六）に築造されたものである。高さ数一〇尺以上に及ぶ川口の開墾によって、川水を大海に注ぎ、川口から三〇〇メートル程の突堤を築造して田場港を浚渫した工事は、実に那覇安里間を結ぶ長虹提とともに、古琉球における二大工事と称すべきものである。津堅親方は、かの勝連城主阿摩和利とともに古琉球の悪逆人として伝えられているが、五〇年ばかり経て、首里からの職を失った下級士族が天願川下流に下り、具志川宿取（屋取《ヤードゥイ》）集落を形成したことを考えると津堅盛則の功績を讃えざるを得ない」とある。

津堅親方は傲慢であったが、騎馬に秀でて薩摩から騎馬法を初めて取り入れたことや示現流剣術を源流とする津堅棒を編み出し、沖縄棒術の発展の礎を築いたこと、また田場築港により現在の具志川区を形成した功績は大きい。

⑨むすび

津堅親方の生没年は定かではないが、田場築港奉行の同役であった越来は向姓五世越来親方朝首（一五五八～一六二九）と言い、一五七六年の一八歳の時に天界寺の火災にあい、高世層里殿に飛び火し、勢いが激しく臣民はどうすることも出来ず手をこまねいているところに、忠義の朝首は独りで楼に登りその火を消した。尚永王はその偉功を褒賞している。

越来と津堅は同年であり、越来の生没年から津堅親方の足跡が推測でき、津堅島に渡るのは六七歳頃となる。それからすると一八〇〇年代の津堅棒の達人・津堅赤人とは二〇〇年の開きがあり、津堅親方から津堅棒を伝授されることはあり得ない。

※津堅親方の足跡

全興盛津堅親方盛則

首里士族、位階は親方

津堅棒の開祖、騎馬法の始祖

一五五五年 ・尚元王即位
一五五八年 ・越来朝首生れる
一五七二年 ・尚永王即位
一五七六年 ・天界寺火災、越来朝首（一八歳）が消火に活躍し尚永王から褒賞される
一五八九年 ・尚寧王即位
一六〇一年 ・島津家久即位
一六〇九年 ・薩摩が琉球侵攻
・津見（津堅）、江洲栄真（読谷山盛韶）等と和睦交渉メンバーの一員
・尚寧王が薩摩へ連行される
・津堅盛則、騎馬に秀でて島津義弘の寵愛を受ける
・津堅盛則、騎馬法を修行のため薩摩へ
一六一〇年 ・尚寧王が江戸へ連行される
・島津公、毛氏江洲親方盛韶に腰刀一振りを授ける
一六一一年 ・尚寧王が帰国
・毛鳳朝（読谷山親方盛韶）三司官となる
一六一五年 ・津堅親方が田場港の築港
・三司官読谷山親方盛韶、津堅親方に讒訴され、身分を百姓に落とされる
・島津家久は琉球からの報告書に読谷山親方盛韶（毛鳳朝）の名がないことに疑い、平田大久保と猿渡新助に調査を命じる
・津堅親方と読谷山親方を鹿児島へ連行
一六一七年 ・津堅親方、鹿児島に抑留
・津堅親方の知行は永代に没収
・毛鳳朝読谷山親方三司官に復職
一六一九年 ・島津義弘没
一六二〇年 ・尚寧王没。尚豊王即位

一六二五年　・津堅親方、薩摩から百姓に落とされて八
　　　　　　　年ぶりに帰国
　　　　　　・その頃、津堅親方、津堅島に渡る？
一六二九年　・越来朝首（七一歳）没
一八〇〇年　・この頃津堅赤人活躍

■参考文献

福田恒禎編『勝連村誌』勝連村役場
比嘉繁三郎『津堅島の記録』比嘉繁三郎
記念誌編集委員会『津堅島教育百年誌　東海』津堅小中学校
一〇〇周年記念事業期成会
うるま市編さん委員会『具志川市史』うるま市教育委員会
『護佐丸毛氏宝鑑便覧』護佐丸毛氏門中会
眞境名安興『沖縄一千年史』琉球新報社
喜安入道蕃元（池宮正治解説）『喜安日記』榕樹書林
佐敷村『佐敷村誌』佐敷村
読谷村史編集委員会編『読谷村誌』読谷村役場
読谷村字座喜味『座喜味棒解説書』読谷村座喜味公民館
沖縄県教育庁文化課編『中山世譜（蔡温本）』沖縄県教育委員会
財団法人日本武道館『第八回日本古武道演武大会誌』エルコム
首里王府編（原田禹雄訳注）『琉球国旧記』榕樹書林
与並岳生『新琉球王統史』新星出版
島袋光裕『石扇回想録』沖縄タイムス社
山里永吉『沖縄歴史物語』勁草書房
外間守善・波照間永吉編著『定本琉球国由来記』角川書店
伊藤亜人ほか五名監修『新版　韓国朝鮮を知る事典』平凡社

2　うるま市勝連南風原スーマチ棒
グーヤーマチ

由来　スーマチは、区民の長寿及び五穀豊穣を祈願して七年ごと、一三年ごとに行われたが、近年になると人集めが困難になり、大正十四年に演じて以来途絶え、今は数種類の棒技が残っているのみである。

カーニーンの川根宇清氏（八八歳）の話によると、美里のスーマチに似ていたという。また棒は明治の頃、青年たちが隣の村で遊びがてらに習ったものが多く、「サンチン小」は昔からあったが「サンチン」は泡瀬区から、「津堅手」は九〇年前の村踊りの時に田場区から、「チキンぬクンディ」（津堅の棍）は上兼久と川根宇清氏が青年時代に具志川区から習ったものである。「津堅手」は継承者がなく、現在は演じられていない。

衣装　白のシャツに白ズボンに黄色帯を締め、黒のたすきをかける。頭には白鉢巻を締め、足は白黒の脚絆を巻く。トウザ（銛）持つ者と「ナジナタぬ手」では長刀を持つ者は、紫布で覆面をして登場する。

グーヤーマチ

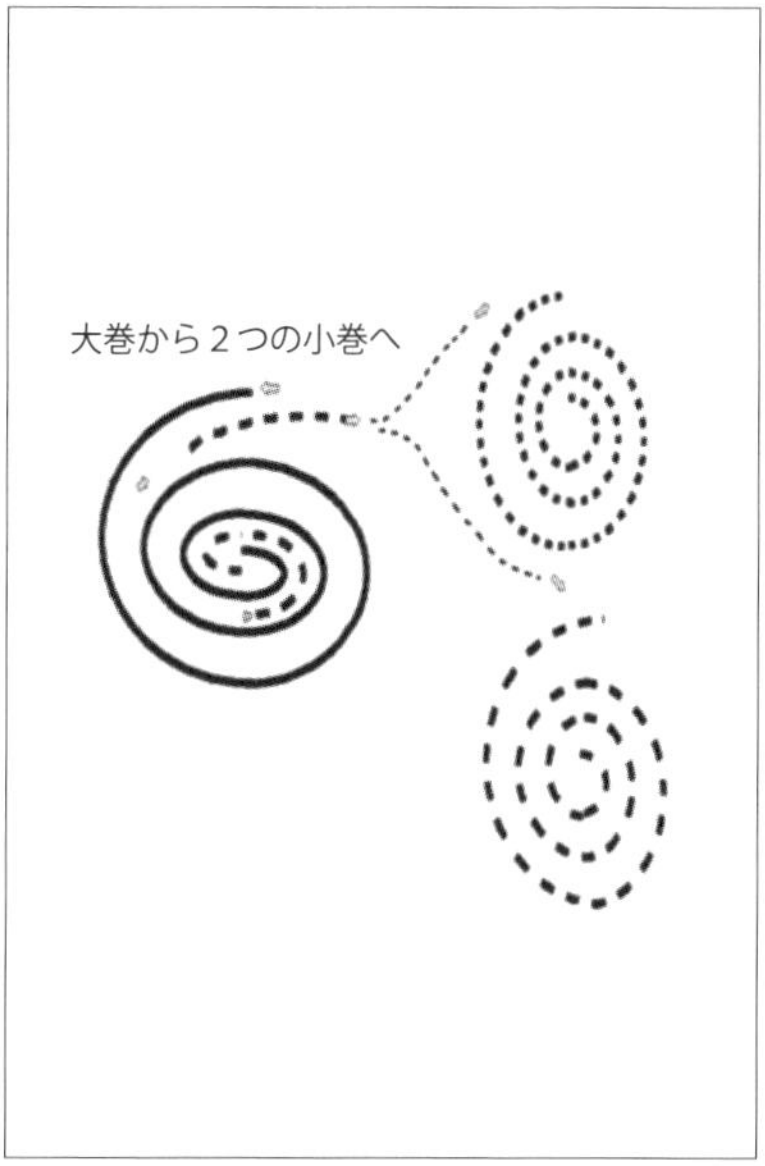

巻き方　「ヒャーイ」「プー」「ヒャーイ、ヒャーイ、ヤイ」「プープートウトウ、プートウトウプー」「ヒャーイ」のヤグイ（気合）と法螺貝でリズムを取り、棒を突き上げながら左巻きに大巻を巻いて行く。大巻を巻いたら解いて、二つの小巻を巻いていく。

組棒　クンディ（棍手）、サンチン（三戦）、サンチングヮー（三戦小）、チキンディ（津堅手）がある。組棒には、エークぬ手（櫂の手）としてエーク対トウザ（銛）、ナジナタぬ手（長刀の手）として長刀対鐺がある。

以上の棒を三線のクーサンクーの曲を繰り返しで演武

川根宇清氏の棒

する。

村遊び　南風原区は一七二六年（尚敬王十四年）に、勝連城下の南側（元島原）から頓知者カッチンバーマーこと前浜親雲上（前浜三良）の努力により、現在地に大移動して新しい村づくりが始まる。一七三二年（子年）に、村の守り神の石獅子や龕屋が建設され、新しい村の誕生を祝って「村遊び」が行われた。現在に伝わる獅子舞や棒術はその頃から始まったのではないかといわれている。

村遊びは旧暦八月十五日に行われ、一四歳から三五歳までの青年達からまず声調べをして「踊り組」と「棒組」に分けられる。そして踊り組は「羽踊り組」「歌劇組」「狂言組」に分け、棒組はさらにフェーヌシマ（南ヌ島）を演じる組に分けられた。練習は七月頃から始め三ケ月近くの稽古が行われた。

村遊びの初日には、全員衣装を着け村屋に勢揃いをして「道ズネー」の準備をする。棒人衆を先頭にムラの守護神石獅子のある四つ辻で棒による露払い「ザンメー」が行われ、アシビナー（遊び庭）に着くと全員が舞台を一巡してから槍持ちを先頭にスーマチを行い、最後はタンカー棒、サイ、フェーヌシマ（南ヌ島）で締める。その後、舞台の部に移り、夕方から深夜にかけて行われ、上演時間は数時間に及んだ。

テークチリ　テークチリは、道ズネーの時に締太鼓四個、鉦鼓《しょうこ》二個の六名が一組となって三線音曲に合わせて打ち鳴らし、進行方向が変わるごとに演じる。

明治以前の村遊びは、先輩たちの創意工夫した演技指導でその村々の特徴があったが、大正時代になると琉球舞踊家の玉城盛義や宮城能造師匠等を頼むようになり、踊りの型は次第に画一化されていく。

竃屋テークチリ奉納

奉納棒

■参考文献
南風原字誌編纂委員会『勝連町南風原字誌』南風原公民館
福田恒偵『勝連村誌』勝連村役所

3　うるま市与那城屋慶名スーマチ棒
チクラマチ

屋慶名周辺の島々は金武湾と太平洋に面し、かつては薪や炭などあらゆる生活物資を輸送するマーラン船（山原船）の中継地点で縦横無尽に帆走し、島々に船橋を掛けることから「綾橋《あやはし》」とも形容された風光明美な地であった。

また勇壮な「屋慶名エイサー」「屋慶名ウスデーク」など多彩な芸能の宝庫としても知られる。さらに屋慶名には、津堅に伝わる「スーマチ棒」に似た「チクラマチ」が残っている。チクラとは稚魚のボラのことで、屋慶名浜には昔からボラが群れていたことから、屋慶名のスーマチをボラの群れの動きにならって「チクラマチ」と呼ぶようになったという。

むかしは屋慶名から具志川、川田、塩屋、南風原、西原、平安名、平敷屋へと回り、スーマチ棒を披露した。昭和三年のウフアソビ（村芝居）以降は途絶えたが、昭和五十三年の安里ウサ氏のカジマヤー（九七歳）のお祝いを機会に伝統文化復活運動が起こり、実に五〇年ぶりに行われた。

巻き方　一七歳から四〇歳までの男衆全員が参加し、東西の二組に分かれて、二名の「旗持ち」先導によって渦を巻いていく。東組、西組は東西の所定の位置に集結し、法螺が響き渡ると「ヒャーイ」「エイ」の掛け声で、太鼓に合わせて棒人衆が一直線に戦闘開始のごとく東西から並足行進で粛々と入場する。

①中央で東西の先導の旗頭が向かい合うと、互いに「ヒャーイ」「エイ」の気合を入れて棒を交え、士気を鼓舞する。

②互いに反転して東西に行進していく。

二つの小巻を描く

①東組は東の陣地で、西組は西の陣地で左回りに小巻を描いていく。

②しっかり巻いたら、回れ右をして最後尾が先導者となって渦を解いていく。

③再び東組、西組は中央へ行進していく。

④中央でふたたび東西の組頭が向かい合うとお互いに

「ヒャーイ」「エイ」の気合を入れて棒を交え、士気を鼓舞する。

大巻を描く

①東西が合流して左回りに大巻を描く。

②しっかり巻いたら全員回れ右して、最後尾が旗頭になり二列に分かれて東側へ進行する。

二列縦隊進行

①東地点に到着したら折り返し、西地点へ二列になって進行する。

四列縦隊進行

①西地点に到着すると折り返し二列縦隊から四列縦隊になり東地点へ進行する。

一列縦隊進行

①東地点に到着すると折り返し四列縦隊から一列縦隊になり西地点へ進行しながら退場する。

棒の種類　一人三人棒・三尺棒対六尺棒・漢名棒・六尺棒によるスジイ棒・牛若の手。

屋慶名のスーマチ棒の解き方は、渦を巻き終わると一斉に回れ右して、今度は最後尾が先導者になって渦を解いて行く唯一の村である。そのために棒人衆の前と後ろに先導役の「旗持ち」がつく。

図1　入場から二つの小巻を描く

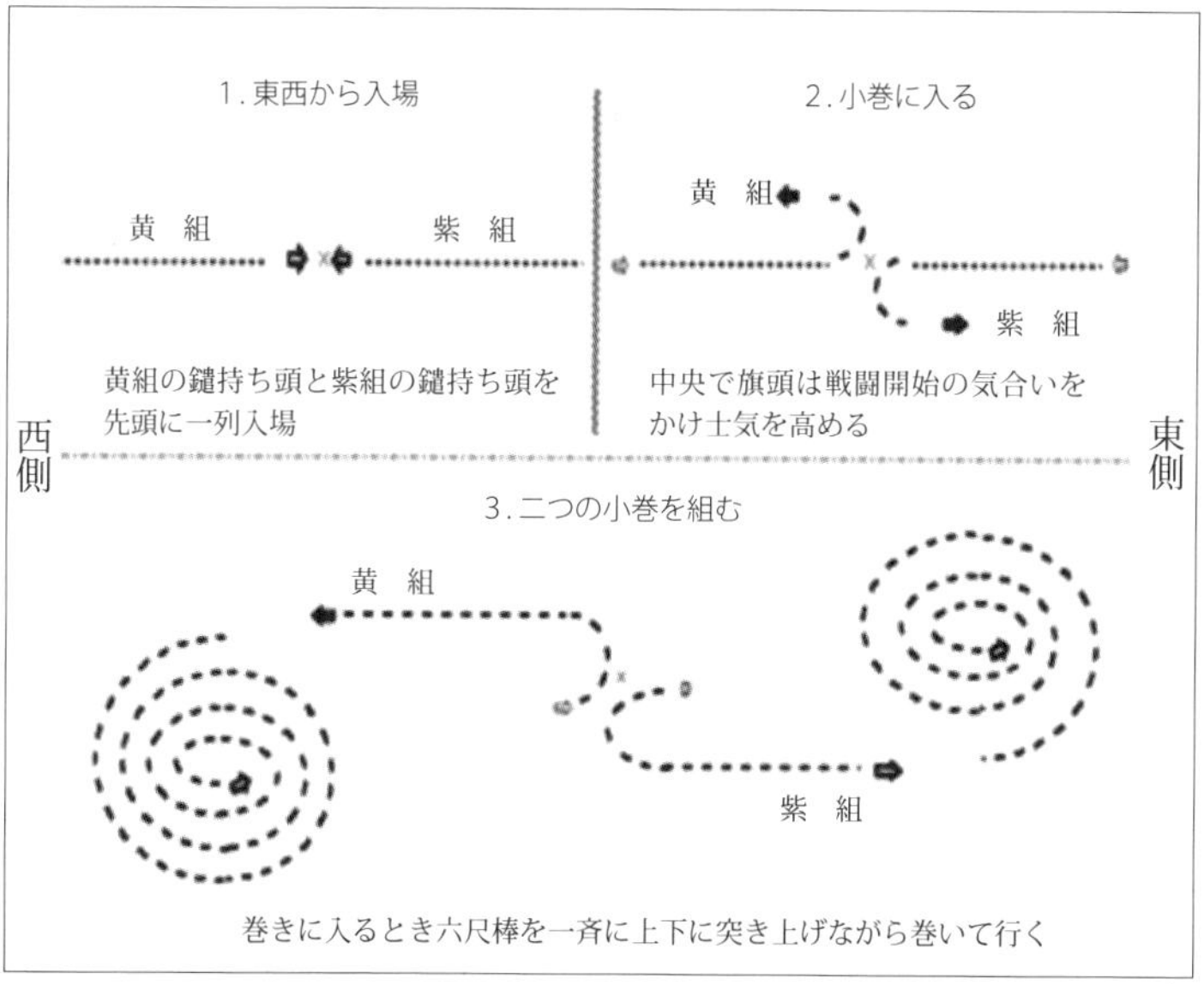
1. 東西から入場
黄　組
紫　組
黄組の鍵持ち頭と紫組の鍵持ち頭を
先頭に一列入場
2. 小巻に入る
黄　組
紫　組
中央で旗頭は戦闘開始の気合いを
かけ士気を高める
西側
東側
3. 二つの小巻を組む
黄　組
紫　組
巻きに入るとき六尺棒を一斉に上下に突き上げながら巻いて行く

図2　大巻を描く

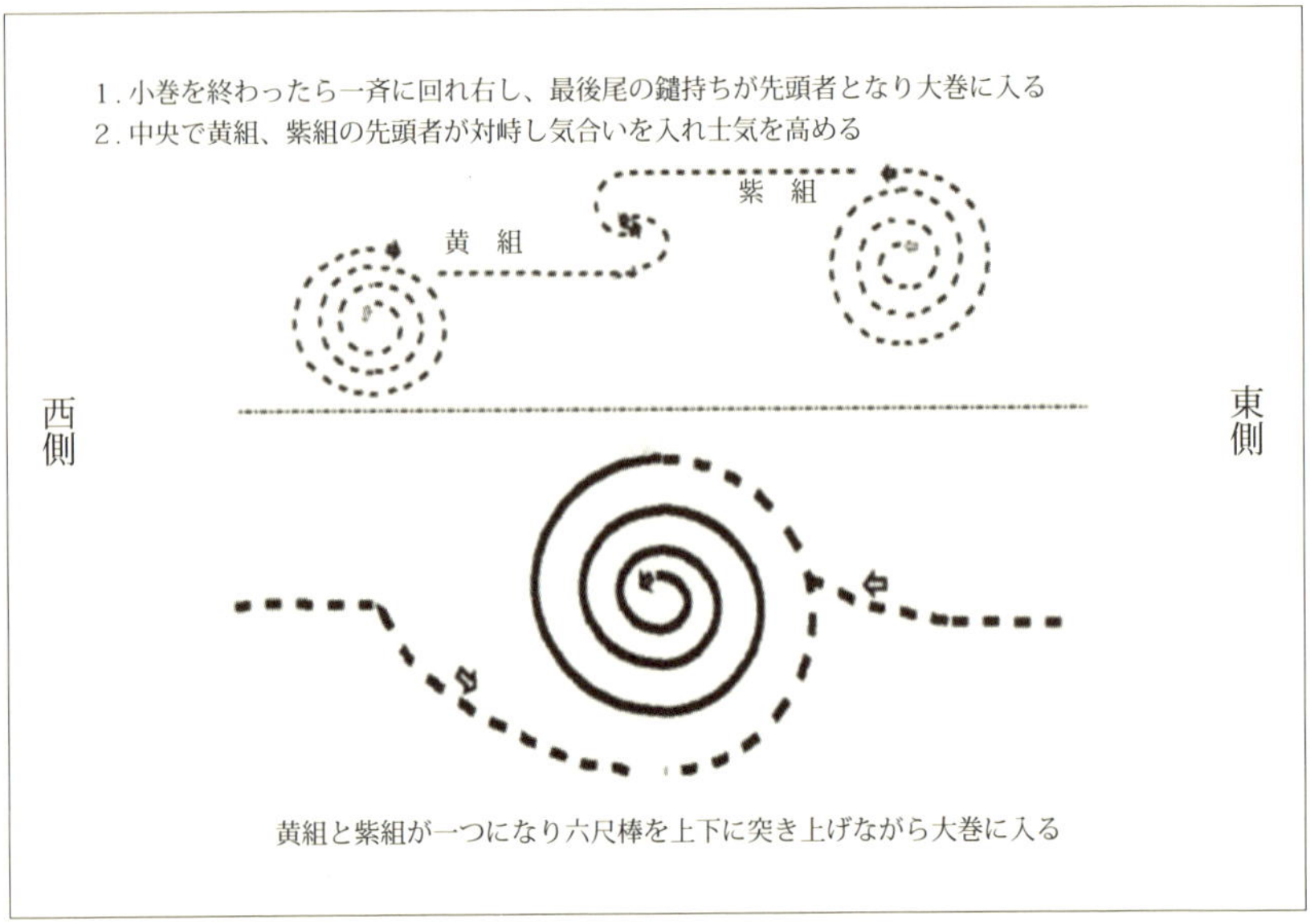
1. 小巻を終わったら一斉に回れ右し、最後尾の鍵持ちが先頭者となり大巻に入る
2. 中央で黄組、紫組の先頭者が対峙し気合いを入れ士気を高める
紫　組
黄　組
西側
東側
黄組と紫組が一つになり六尺棒を上下に突き上げながら大巻に入る

図3　二　列　進　行

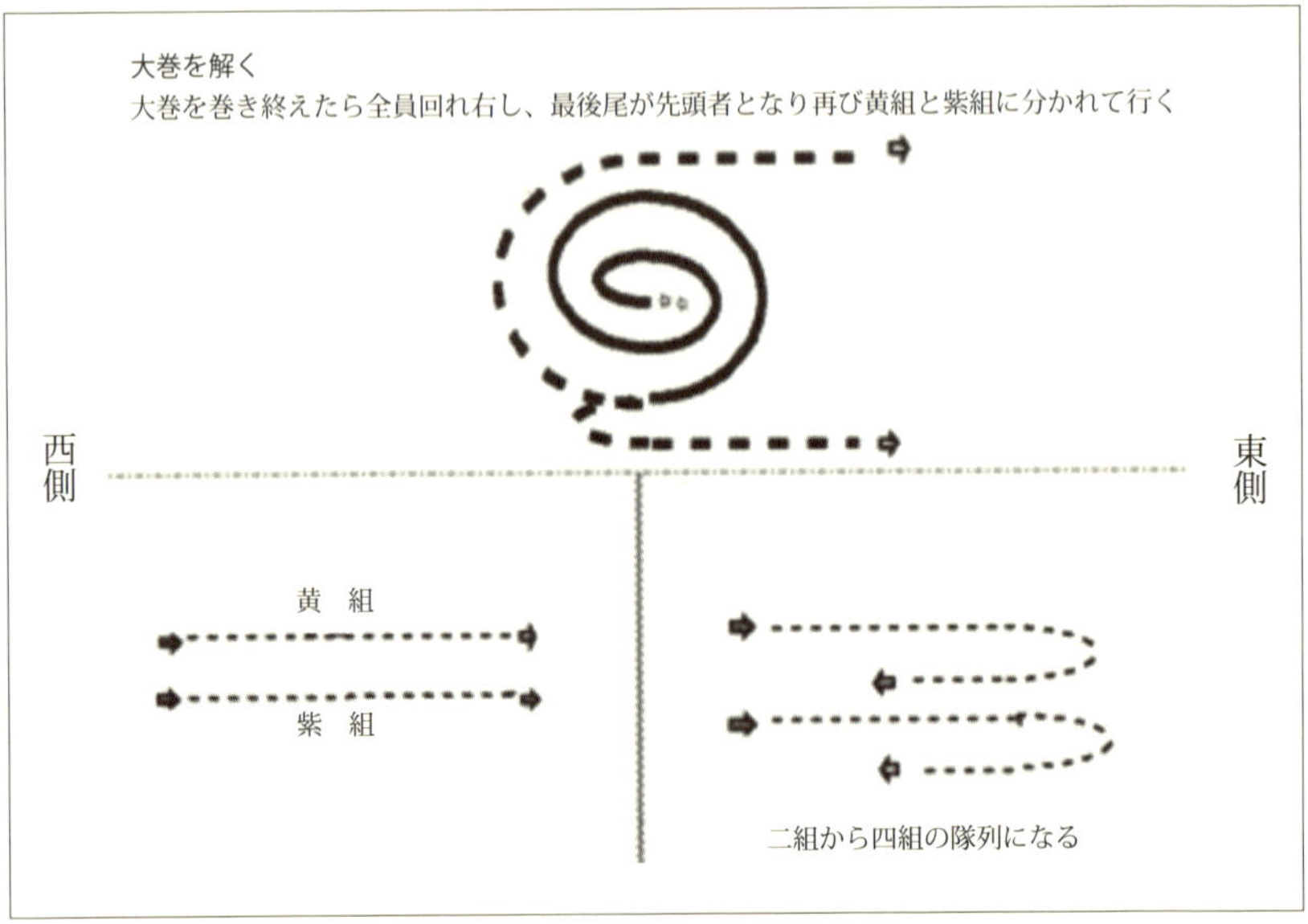
大巻を解く
大巻を巻き終えたら全員回れ右し、最後尾が先頭者となり再び黄組と紫組に分かれて行く
西側
東側
黄　組
紫　組
二組から四組の隊列になる

図4　四　列　進　行

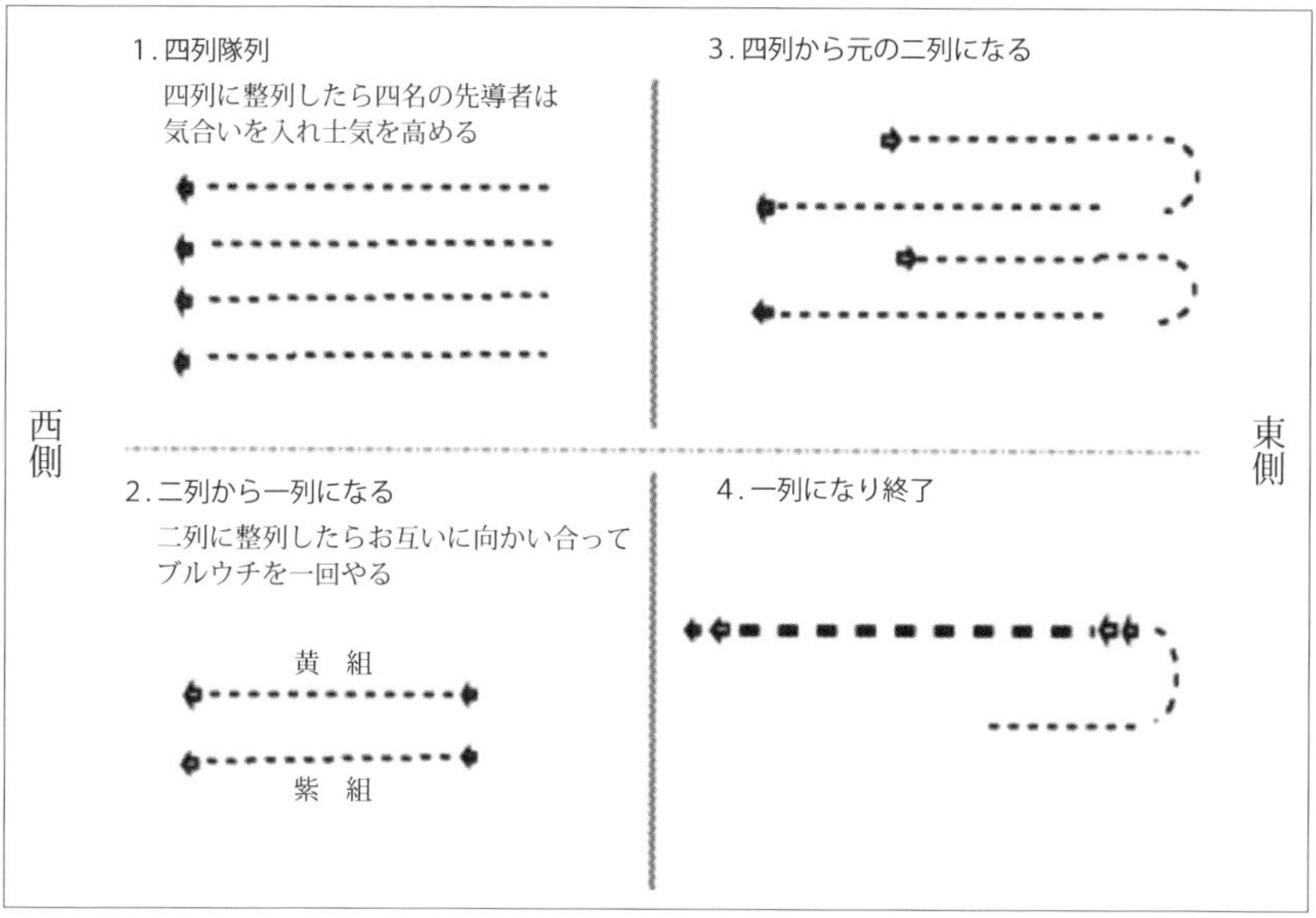

1.四列隊列
四列に整列したら四名の先導者は
気合いを入れ士気を高める
3.四列から元の二列になる
西側
東側
2.二列から一列になる
二列に整列したらお互いに向かい合って
ブルウチを一回やる
黄　組
紫　組
4.一列になり終了

4　うるま市天願巻棒
グーヤーマチ・チクラマチ

由来　むかし、天願の「南島踊り」と読谷村長浜の「巻棒」が交換された時、天願では南島踊りを禁じ、長浜では巻棒を演じないと言う約束が交わされたと言う。しかし、長浜にはそのような伝承はなく、今でも村棒が盛んでスーマチも行われている。

戦後中断していた「巻棒」は一九四九年（昭和二十四）に演じて以降、その後は長い間行われず一九九二年（平成四年）の「花と緑と文化のフェスティバル」において四三年ぶりに復活した。

巻棒は村遊びの時に行われ、六尺棒を持つ棒人衆が西組と東組の二組からなり、西組はミルクーター（安村家）に集まり、東組はサーターヤー（名護家）に集まる。ドラとボラの合図で「ヒャーユイ」と六尺棒を一斉に天に突き上げ遊び庭に向かって道ズネーを始める。

六尺棒の持ち方は右手右胸、左手を右腰に真一文字に持つ。列の先頭に前頭《メーカシラ》、真ん中に中頭《ナカカシラ》、最後尾に後頭《クシカシラ》がつき、西組はナギナタ、東組は槍を持つ。

衣装　巻頭は頭に向立《こうだて》（冠）をかぶり、白の上下に陣羽織を着け白黒の縦縞の脚絆を巻く。棒人衆は頭に白鉢巻、白の上下にタスキと腰帯を結び、白黒の縦縞の脚絆を巻く。

巻き方　巻き方は前半がグーヤーマチ（高瀬貝）、後半はチクラマチ（ボラ）からなる。法螺とドラに合わせて終始、左足を前に右足を継ぎ足にしてゆったりと進行していく。

天願巻棒

グーヤーマチ

①総勢二〇〇人が一列縦隊になって西から東へ入場する。

②反時計回りに大巻を巻く。しっかり巻いたら「ヒャー　ユイ」のヤグイ（かけ声）を発し、六尺棒を一斉に天に突き、大巻を解いていく。

③大巻を解いたら西組、東組へ左右に分かれ二つの小巻を巻く。

④西組は反時計回りへ、東組は時計回りに巻いていき、二つの小巻を描く。しっかり巻いたら「ヒャーユイ」のヤグイ（かけ声）を発し六尺棒を一斉に天に突き、二つの小巻を解いていく。

⑤双方とも小巻を解きながら一列縦隊となって中央で対峙する。

⑥西組の前頭と東組の前頭が組棒を演じ戦闘態勢に入る。

⑦互いに交差しながら西組は東へ、東組は西方向へ進行する。

チクラマチ

①中央で双方とも反転して反対方向に進行する。二回、三回と西、東に反転を繰り返し「チクラマチ」の動きを表現する。

②最後は踊り人衆が踊りながら列に入り込み、チクラに誘導されて舞台広場まで進行する。

天願巻棒図

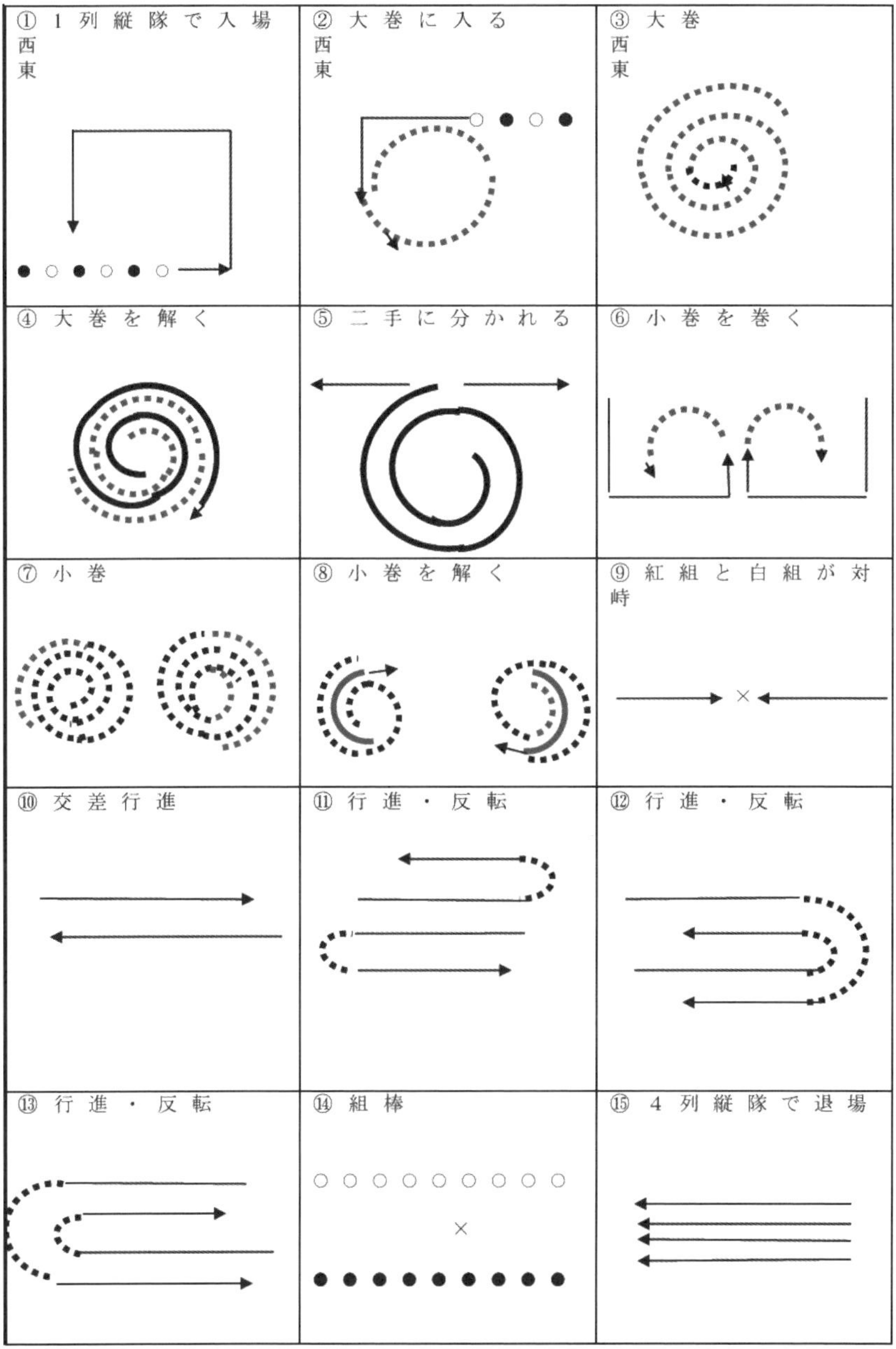
① 1列縦隊で入場
西
東
② 大巻に入る
西
東
③ 大巻
西
東
④ 大巻を解く
⑤ 二手に分かれる
⑥ 小巻を巻く
⑦ 小巻
⑧ 小巻を解く
⑨ 紅組と白組が対峙
⑩ 交差行進
⑪ 行進・反転
⑫ 行進・反転
⑬ 行進・反転
⑭ 組棒
⑮ 4列縦隊で退場

③その後、西組と東組の組棒を演じる。
組棒　天願棒を基礎に創作した組棒一一組を演じる。
組棒が終了したら四列縦隊で退場して舞台の部に移る。

■参考文献
うるま市編さん委員会『具志川市史別巻　民話集』うるま市教育委員会
『常しえに天願の彩』天願区字誌別巻天願自治会

5　読谷村波平スーマチ　チクラマチ

由来　読谷村は沖縄本島の中央に位置し、東シナ海に突き出た半島で、一四二二年に護佐丸が築いた世界遺産の座喜味城跡を構える。棒踊りの「ハンザ棒」は、むかしから県下に広くその名が轟く。

波平の棒は、津堅島の「津堅アカナー」が波平での丁稚奉公を無事終えた恩返しに「津堅手」を教えたのが始まりだとされる。津堅手を基礎に二人三尺棒、二人六尺棒、三尺六尺棒など数多くの組棒を編み出し、今日まで継承されている。

明治になると棒術が盛んになり、明治二十八年（一八九五）の那覇、泊の潟原において開催された日清戦争の勝利祝賀会で五組の波平《ハンザ》棒を演武し、県下にその名声を高めた。以来、波平棒はますます盛んになり、村棒は大衆娯楽として毎年旧暦七月十六日になると若者たちの「意気込みと和」「今年の若者の成長を願い」「今年の豊年を祝う」等を祈願して行われ、いかなる天候でも

新棒の奉納

道ズネー

拝所へ新棒を奉納するようになった。

　昭和三十六年（一九六一）になるとエイサーも加わり、女子も参加するようになる。平成二十五年には、海を渡り、第三一回ハワイ沖縄フェスティバルに総勢一三〇人による「波平棒・スーマチ」を国外ではじめて披露し、沖縄伝統芸能の豊かさをアピールしている。

道ズネー　前頭の二人は、頭は紫サージで戦闘かぶり、古式豊かにクルジナー（黒の着物）を着け、白い帯を前結びにする。その後に続く棒人衆は、白い鉢巻組と紫の鉢巻組が交互に続く。全員、裸足である。

　最初に拝所で三組の新棒を奉納した後、旗頭を先頭に東門アシビナー（遊び庭）へスネーイ（行進）を開始する。途中でタチブラ（法螺貝）の合図「プー」「ヒャーイ」「プー」「ヒャーイ」の掛け声を繰り返し、棒演武を行いながらゆったりと行進して行く。

　旗頭が東門の広場中央に到着すると二人の旗頭は東西に分れて旗をたてる。中央で三組の二人棒を演じた後、法螺貝の「プップップップッー」の合図で、一列縦隊で

チクラマチの巻き方

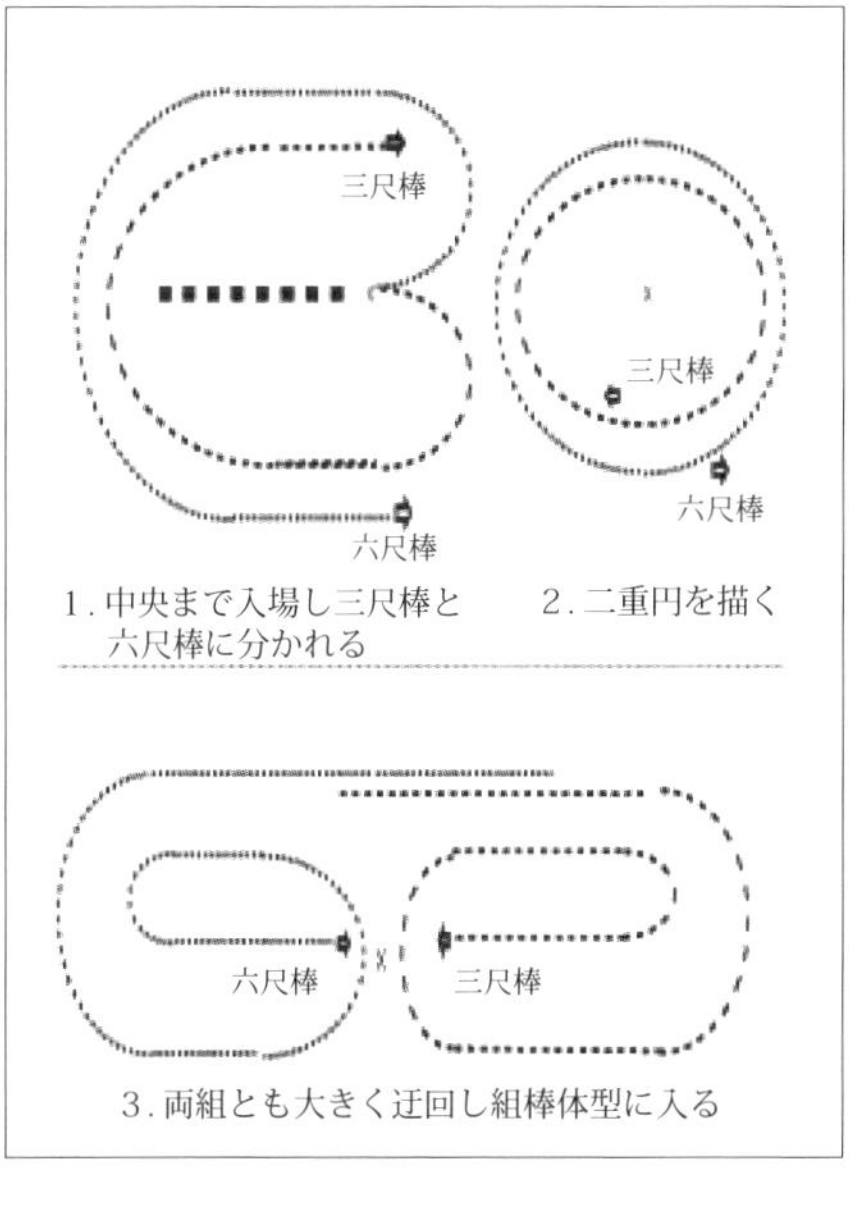
三尺棒
六尺棒
1. 中央まで入場し三尺棒と六尺棒に分かれる
三尺棒
六尺棒
2. 二重円を描く
六尺棒
三尺棒
3. 両組とも大きく迂回し組棒体型に入る

組棒

全員駆け足になりスーマチの巻きにはいる。スーマチを終えると、三尺棒組と六尺棒組に分れて中央で向かい合う。そこで一対一の組棒を一組ずつ全員で行う。最後は全員一斉に「アガイ棒（終わる棒）」を披露し、「マチワックスン（かき回すの意）」と言って、チクラグヮー（ボラ）の魚群の動きを表現しながら全力走で退場する。

鼓チベーン

締めは「鼓チベーン」の
「サー」●●●●●「スリ」●●●「スリ」●●●
「ハイヤ」●「ハイヤ」●「アッシャアッシャ」
●●●●●●●
●● ●「ハイヤ」「アッシャアッシャシャ」
●●●●●●●● ●● ●● ●●
と太鼓で締めて終了する。

棒の種類

二人六尺棒：ハジリ、ガマサグイ、オジメー
二人三尺棒：津堅手、槍手
二人三尺棒対六尺棒：クンチリー、ナカウシナー、チチンチャ、トイボー、カチャーシー、クンチリーヌムト、シニスグイ、フリダシ

■参考文献

読谷村史編集委員会『読谷村史第四巻　読谷民俗』読谷村役場
『波平棒について』波平自治会

6　読谷村座喜味総巻グーヤーマチ

由来　村棒は「棒あるところにスーマチあり、スーマチあるところに棒あり」といわれるように、昔から棒を演じる前に必ずスーマチを行うことにより、村全体の老いも若きも一致団結して親旗頭を取り巻き、村の祈願と厄払いをする意味がある。

スーマチとは、棒人衆全員による村芝居（豊年祭）の本番に入る前のパレードで、総勢六〇名から一〇〇名程度で行われる。メーボー（前棒）とクシボー（後棒）の二組に分かれ行進をするが、これを「スーマチヌ　ユシアシー」と言う。

座喜味棒が盛んになるのは明治十三年頃で、山城平三（屋号上原）によって復活する。山城平三は一五歳の時に、津堅島から出稼ぎにきて多幸山の麓で炭焼きを営んでいた「つぼやのタンメー」から津堅棒を伝授される。当然ながら座喜味棒は津堅の棒術に似て、他村の棒術と比べて何よりも実戦型で、常に相手の急所を攻めるところに特徴がある。

棒は六尺棒が中心であるが三尺棒も使用し、型は一一種類もある。棒の練習は、最初は「棒に人間が振られ」次に「棒が棒を振る」、そして「人間が棒を振る」と言われるように少なくとも四年以上の修業を積まないと修得出来ないものである。

棒人衆と衣装　棒人衆はクルジナー（黒着物）に縄帯を締め、裸足が本来の姿であるが、現在では紫のトレーニングウェアにウッチャキー（陣羽織）を着てミンサーの帯を締め、脚絆を巻いて裸足になる。頭は、紫色の長帯を戦闘かぶりにする。

棒の持ち方　六尺棒、三尺棒とも右手を右肩の高さに握り、左手は右胸のところで握り、真一文字に持つ。

楽　隊

締太鼓：四〜五人　鉦鼓：二人　法螺貝：二人

スーマチの入場　広場の西側にウヤガシラハタ（親頭旗）を立て、東側にはコガシラハタ（子頭旗）を立てる。

東側から、メー棒（前棒）、クシ棒（後棒）の棒人衆が二列縦隊で入場する。

大巻を描く

①西側の親頭旗方向に向かって行進し、親頭旗を回り折り返して子頭旗方向に向かう。

②東側の子頭旗を折り返したら再び親頭旗に向かいブルマチに入る。

③親頭旗を二列縦隊で左巻きに巻いていく。巻き終わったら、先頭は円心を右回りに反転して渦を解いていく。

ブルマチ（大巻）

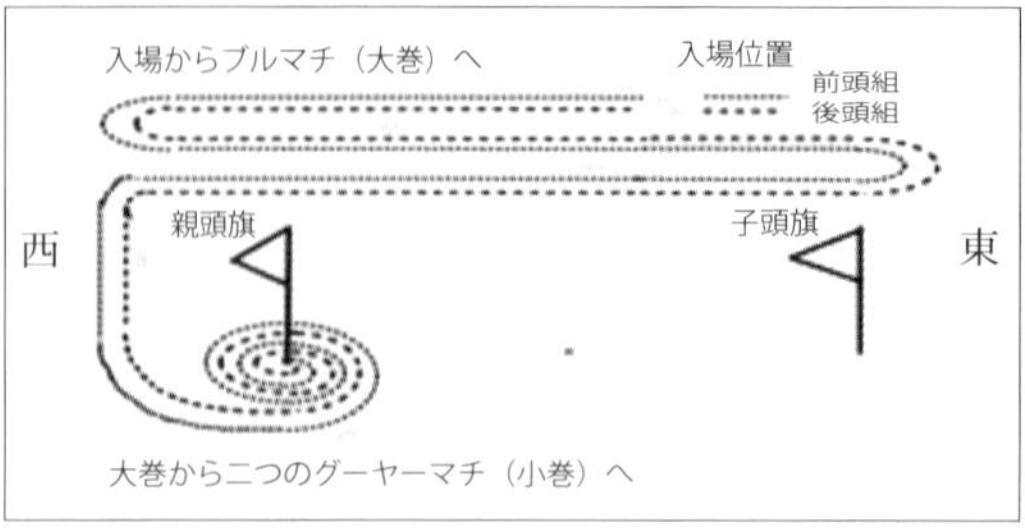

グーヤーマチ（小巻）

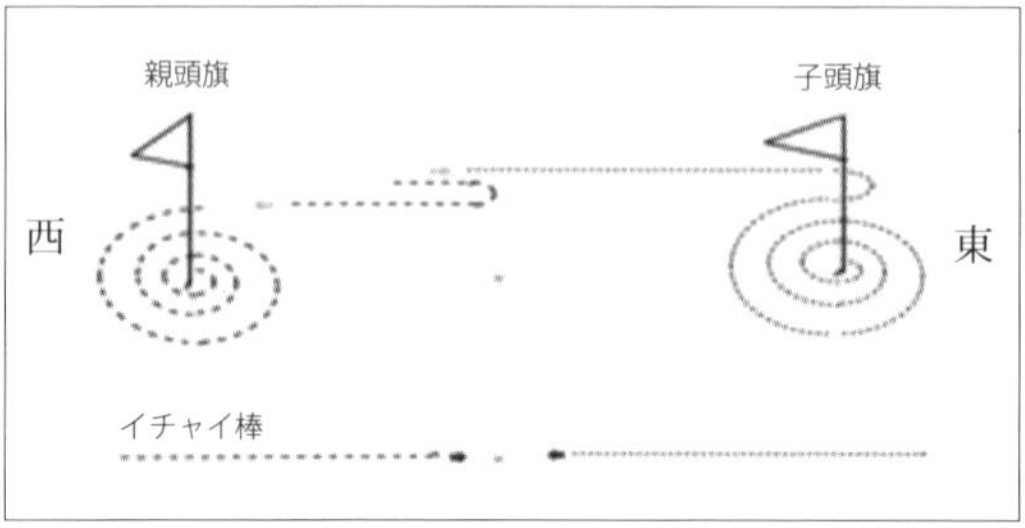

④渦から出て二列縦隊で広場の中央まで行進する。中央に到着すると前棒組はそのまま子頭旗を目指し、後棒組は中央地点を折り返し、再び親頭旗を目指す。

二つの小巻に入る

①東西の旗に到着すると、前棒組と後棒組は互いに左巻きに巻いて二つのグーヤーマチを組んでいく。巻き終わったら円心を反転して渦を解き中央地点に向かい、そこで前棒組と後棒組が向かい合い、イチャイ棒（出会い棒）と言って棒をガチンと一回ずつ合わせていく。

②前棒、後棒は互いに中央に向かい合う。

③一人ずつ出会いがしらにガチンと棒を合わせ二列になって親頭旗のところで待機する。

④全員のイチャイ棒が済むと二列になって行進を始め、途中で折り返して子頭旗方向へ進み待機する。

⑤前棒、後棒から一人ずつ出てブルボーと言って中央で五、六回棒を合わせる。同じ所作を全員が行う。終わると親頭旗側で立って待機する。全員が済むと本番のユイアシに入る。

本番のユイアワセ　前棒、後棒から各自一人ずつ出て次の所作を行う。「ヒャーイ」のヤグイ（気合）で棒を右肩斜め後方に突き上げ、「ユイ」のヤグイで前方に棒を打ち下ろし、すぐさま「ヤッ」の気合で棒を後ろに突き上げる。続いて前棒と後棒の四人で同じ所作をする。次々と八人、一六人と出てきて同じ所作を全員が終了するまで行う。

組　棒

一番棒　前棒は右手で六尺棒を背中に隠し持ち、左手を前方に突き出して現れる。

二番棒　前棒、後棒とも六尺棒を持つ右手を伸ばし、水平にして現れる。

三番棒　六尺棒の先を斜め後方上から前下へ向ける。上の方を持つ右手は胸につけて現れる。

以上、一番棒から三番棒までの棒技は、ほとんど同じで平棒と称し初心者が演じる型である。

不意打ち棒（または闇討ちの棒）　前棒は身体にピタリと棒を平行につけて持つ。後棒はいつでも突っ込めるように構えて出てくる。闇討ち棒と言われ、演じ初めの合図は一切ない。

一番棒出端

牛若流

畦流棒　前棒、後棒とも棒を持つ右手を伸ばし水平後方へ、左手は右胸にくる。棒技は前進後退するだけで、横への動きはない。田んぼの畦道のように狭い場所などで演じられる。

三尺棒　前棒、後棒とも両手の間隔を十センチほどあけて端の方を持ち、棒先を右垂直にして八相の構えで現れる。機敏性に富む棒である。

三尺棒対六尺棒　前棒は三尺棒を斜め後方に構え、後棒は六尺棒を下段の構えで現れる。三尺棒は受け流しながら逆手を取って攻撃に転じる。

三方棒　前棒、後棒とも六尺棒で持ち方は畦流と同じ。前棒は左右と後ろへ、後棒は左右と前の三方向に攻撃と反撃の技を繰り出す。

三尺三人棒　前棒は三尺棒で、中棒と後棒は六尺棒を持つ。中棒は前棒と後棒の二人と闘う。三尺棒は斜め上段の構え、六尺棒は右手を伸ばして水平方向へ、左手は右側胸にくる。

六尺三人棒　やり方は三尺三人棒と同じ。六尺棒の持ち方は三人とも畦流と同じ。

牛若流（シー棒）　三尺五寸の棒に鉈を付けた前棒と四尺の槍を持つ後棒との接近戦を行う。持ち方は一番棒と同じ。

総　巻

①立ちブラ（法螺）

○○○○○

②総巻のユイアシ

○○○：○○○：○○○：

③ブルマチ

○○○：○○○：○○○

④グーヤーマチ

○○○：○○○：○○○

⑤イチャイ棒

一組ごとのはじめに「プー」を一回だけ吹く

⑥ブル棒

乱打○○○○○

⑦集合場所に帰る

※イチャイ棒とブル棒のはじめと終わりの合図はプーと一回だけ吹く。

※イチャイ棒とブル棒に移る場合

○○○：○○○：○○○

※ブル棒を終わって集合場所に帰る場合

○○○：○○○：○○○

ユイアシ（ブラのみ）

①立ちブラ三回

②ヒャーイ・ユイ・イヤ○ヒャーイ・ユイ・イヤ

最後まで行う。

③ユイアシが終わると乱打で集合場所に帰る。

太鼓切り

太鼓打ちはサーと出て、乱打しながら
「スーリ」「ポンポンポン」「スーリ」「ポンポンポン」「ハイヤ」「ポン」

「ハイヤ」「ポンポンポンポンポンポンポンポン」

「スーリ」「ポンポンポンポンポンポン」

最後は鉦鼓の「カーン」で締める。

■参考文献

照屋清松『座喜味棒解説書』

7　読谷村長浜スーマチ　グーヤーマチ

由来　一八一七年頃、首里御殿に勤めていた山内ウメーが赤平棒と山内暗闇棒を習い、長浜の青年たちを指導したのが始まりだという。また、明治末頃に津堅繁多小から、当ぬ蔵と玉井が津堅棒、砂カチ棒、カジチリ棒を習い、さらに浦添カンターから棒術の指導を受ける。そのため、棒の型には山内ウメー流、津堅繁多小流、浦添カンター流があり、それを基礎に創作した棒は一一組ある。

スーマチは村遊びの時に行われ、農閑期の七月十六日、八月十五日、九月の別れ遊びまで行われる。二間×二間半ほどの広さに土を盛り上げ、ムシロを敷き舞台を設営する。

スーマチが始まり、「グーヤーマチ」で左巻きに渦を巻いたり、解いたりする。その後に二列縦隊になり、先頭の鑓と長刀を持った二人が「サチフイ」と称する手合わせする。その後で数組の組棒に入る。最後は、槍対長刀が演武をして、スリー（揃い）太鼓で閉める。

舞台に移ると幕開けの長浜棒に始まり、演目は長者の大主、二才踊り、女踊り、雑踊り、歌劇、狂言、組踊、などを演じた。最後に豊作祈願の踊り「チクタルメー」を演じて終わる。

棒の種類

赤平棒・ふす打ち・山内暗闇の棒・大割り・津堅棒・裏打ち・砂カチ棒・カジチリ棒・足切り・ウービ切り

(1) 宇座棒

由来　村遊びは、農閑期の七月から十月中旬に不定期で五、六回行われた。

当日は区長、二才頭、大按司を演じる者、棒術を演じる二組が村遊びの小道具を保管する根屋《ニーヤ》の山内で神酒を供えて拝み、棒術を演じてから村遊びの小道具を出した。三間×四間の広さに、三尺ほどの土を盛り上げてムシロを敷き舞台を設営する。

大按司役の者が旗頭を持ってスーマチが始まり、「グーヤーマチ」を一〇〇名近くの棒人衆が、左巻き渦を巻いていき、先頭が円の中心に到着すると今度は反転して渦を解いて外に進行していく。

宇座の棒は、読谷村座喜味城主護佐丸と親しかった御茶当真吾良が伝えたと言うが定かではない。

棒の種類

・六尺棒対六尺棒によるクラシン棒（暗闇の棒）
・三尺棒対六尺棒による牛若棒
・三尺棒対六尺棒による火棒（ヒーボー）
・六尺棒対六尺棒によるクサーウッチ棒

舞台に移ると幕開けは棒術に始まり、長者の大主、二才踊り、女踊り、雑踊り、歌劇、狂言、組踊（久志の若按司）などが演じられ、フィナーレは棒術で閉じた。（現在は行われていない）

(2) 喜名棒

津堅棒、ジジンドゥ、ヤイ棒（鑓）から構成され、喧嘩棒と称した。ウーワイ（大割り）、クーワイ（小割り）、カジチリ（首切り）、フイヌチ（不意打ち）などがある。津堅棒の影響が大きいとされる。（現在は行われていない）

(3) 渡慶次棒

村遊びは、七月十六日の旗スガシーと八月十五日に獅子舞の御願を行い、九月頃までに二、三回行われた。スーマチは昼間に行われ、神アサギでの御願棒は六尺棒対エーク（櫂）、六尺棒対三尺棒、六尺棒対六尺棒、三尺棒対三尺棒を行う。舞台に移ると演目は、棒、獅子舞、長者の大主の順で始まり、組踊・歌劇・雑踊り・狂言・獅子舞で幕を閉じた。

(4) 瀬名波棒

瀬名波の棒は、六尺棒対六尺棒の組棒があったがスーマチはなかった。村遊びは農閑期の七月十五日、八月十五日、九月九日頃に不定期に行われた。その他に「遊びトゥイケー」と言って隣字との交流遊びが行われた。

演目は長者の大主、雑踊り、狂言、歌劇、打組踊りの醜童《しゅんどう》、組踊、棒術などが演じられた。特に美女二人と醜女二人で踊るコミカルな醜童は各村で人気のある演目であるが、地元では、貿易船の船主儀保カナミが一二〇年前に伝えたものであると言われている。

(5) 高志保棒

村遊びは、農閑期の七月十六日、八月十五日、九月十三日に開催。一五歳から二五歳までの男衆が演じ、役割として衣装箱・三線箱持ちには、新会員になった一五歳の若者が当てられた。芸能指導するのは技頭、棒術を指導するのは棒頭と言われ、二六歳から三五歳までの先輩方が当たった。

配役は、声調べをして組踊の役を決め、青年の希望に沿って狂言・歌劇・雑踊りの演舞者を決める。新会員になった一五歳の若者は「長者の大主」の扇舞が当てられた。村遊びは「長者の大主」で幕が開き、雑踊り、狂言、組踊、歌劇、馬舞、最後は棒術で閉めた。かつては三尺棒対六尺棒、六尺棒対六尺棒があったが、戦後は行われていない。

(6) 楚辺棒

村遊びは、農閑期に四、五回行われ、八月十五夜と九月二十日の赤犬子まつり（アカヌクー）は、定期に行われる。

毎年七月二十日になると「サンジャーグヮー」と言って、村遊びの衣装や小道具を保管しているナービナクー（鍋之甲）で御願を行う。その後に旗頭を先頭に鉦、太鼓を叩きながら道ズネーを行い遊び庭に向かう。舞台の部に移り座を清める「イリベーシ」を太鼓の音に合わせて空手で幕を開ける。御前風・雑踊り・狂言・歌劇・組踊・高平良万才などが演じられ、獅子舞で幕を閉じた。

(7) 伊良皆棒

村遊びの日、槍と長刀を持った二人の「棒ヌヒャー」と称する大将を先頭にスーマチが始まる。スーマチを解いて二手に分かれて組棒に入る。六尺棒対三尺棒、三尺棒対三尺棒を演じて、最後は「棒ヌヒャー」で閉めた。かつては盛んに行われたが、大正二年頃から行われなくなった。

(8) 儀間棒

村遊びは、他の字とかち合わないように、年に四、五回行われ、主に七月十六日の「旗スガシ」、八月中旬の「中遊び」、九月中旬には「別れ遊び」が行われた。

それ以外に「寄付遊び」や隣り字との交流として「遊びの交流」が行われた。遊びの演目には、長者の大主、棒、雑踊り、狂言、歌劇、組踊が演じられ、最後に「フェーヌシマ（南風の島）」で閉めた。

棒はスーマチに始まり、組棒として三尺棒対三尺棒、六尺棒対三尺棒、六尺棒対六尺棒、六尺棒対長刀があったが戦後は行われていない。また鉦打ち二人、踊り手八人で演じる「フェーヌシマ」は、歌詞を解する者もないまま伝承され、昭和十二年頃まで続いたが、一時中断し、平成三年に復活した。

(9) 渡具知棒

村遊びは、農閑期の七月十六日の「旗スガシー」と八月十五日に行われ、それ以外はその年の豊年の善し悪しで不定期に開催した。その他に「遊び交流」として隣村の北谷村や嘉手納村との交流が行われた。

■参考文献

読谷村史編集委員会『読谷村史　第四巻』読谷村役場

8　沖縄市美里スーマチ
グーヤーマチ

由来　昭和三年の美里スーマチは、約一〇〇人の棒人衆がアシビナー（遊び広場）から二列になって大佐阿久アジマーまでスネーイ（行進）をした後、そこから一列に並びアシグシ（入場）をした。

大豊作の時に「村の繁栄や豊年の感謝と祈願」をもってウフアソビ（村遊び）が行われた。村遊びは男子だけが参加でき、スーマチ棒をはじめ、組棒、組踊、舞踊など数々の演目が行われた。

数日間にわたる村遊びを終えると、今度は近隣の村々を半年にわたって興行公演した。

美里黒サージ　興行公演の集団の先頭には、必ず「マンサージ」という長い黒布を頭に巻いた「美里黒サージ」と呼ばれた屈強な武士の一団がいて、村々の闘牛場や馬場では場内の一番前に陣取って観戦したと言う。

この一団の中心的武士には、「知花当石川」と弟分の「我那覇の天願平良」「前ンシジヌ手小」と呼ばれる三人がいた。

棒人衆と衣装　棒人衆組は二組に分かれ、頭は紫色の長いサージと黄色の長いサージを後ろ結びにする。上着は白でその上から、黒地で赤縁の袖なしのウッチャキー（陣羽織）をつける。下は白いズボンに白黒の縦縞の脚絆をつける。

棒の持ち方　六尺棒は右手をあごの高さに握り、左手は右側の腰のところにつけ、縦一文字に持つ。

構成　　スーマチ旗持ち：二人
　紫組頭：紫の三角旗をつけた槍を持つ
　黄組頭：黄の三角旗をつけた薙刀を持つ
　美里黒サージ：一二人
楽隊　　大太鼓：一人　銅鑼：二人　締太鼓：六人
　鉦鼓：六人　法螺貝：六人
旗持ち　村旗：旗持ち一人、旗方五人
　頭は紫の長いサージを結び、衣装は棒人衆と同じだが腰には紫の帯を蝶結びで左に結ぶ。
　豊年旗：旗持ち七人、旗方一九人
　豊年旗：瑞雲、日日新、平和、招豊年、ふる

さとの心、飛躍、和

芸能人衆：二六人　老婦人達：一八人

道ズネー

美里黒サージ・楽隊・美里黒サージ・村旗持ち・美里黒サージ・老婦人会・美里黒サージと続く（本来は芸能人衆と豊年旗が加わる）。

①老婦人会が棒人衆の集団を扇子で手招きして迎える。

②楽隊を先頭に二人のスーマチ旗持ち・棒人衆と続き二列縦隊で入場する。

③広場中央で二列から六列になりバンク（舞台）前で整列し、アシグシ（入場）の準備に入る。

アシグシ（入場）

法螺の「プー」が鳴り終えると「ヒャーイ」の掛け声をかけながら、心持ち背伸びをして右足を右横へ大きく一歩踏み出し、続けて左足を左横へ踏み出す。

これと同時に「ユイッ」の掛け声とともに法螺貝を「プッ」と吹く。以上の動作を数回行ってから小巻の準備に入る。

二つの小巻に入る

①入場が終わると左側へ向きを変え、楽隊の音に合わせて「ユイッ、ユイッ、ユイッ」と掛け声を掛けながらアシビナー（遊び庭）に入場する。

②爆竹の合図で、槍頭と紫組が西側方向へ左巻き、薙刀頭と黄組が東方向へ左巻きの二つの小巻をつくる。

③二つの小巻をしっかり巻いたら爆竹の合図により渦巻きの解きに入る。

④互いに小巻を解いたら中央で槍頭・薙刀頭・紫棒・黄棒と交互に入り、一列なって左回りに一つの大巻に入る。

大巻に入る

①槍頭を先頭に左巻きに一つの大巻をつくる。

②槍頭が円心に到着すると反転し（時計回り）、渦巻きの解きに入る。

③槍頭は渦の外に出て正面に向かう。

④正面の位置に到着したら、再び紫組棒人衆と黄組棒人衆は西と東に分かれて行く。

⑤途中で両組とも四列縦隊になって中央まで進行し、相対する。

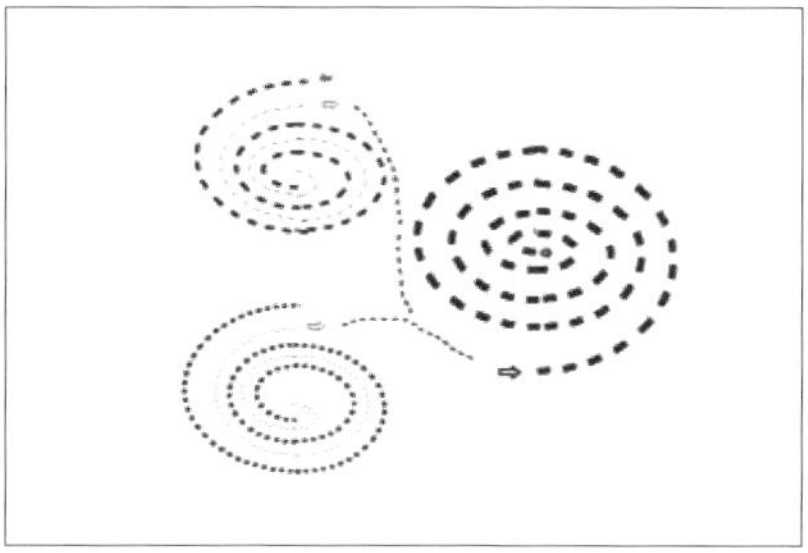

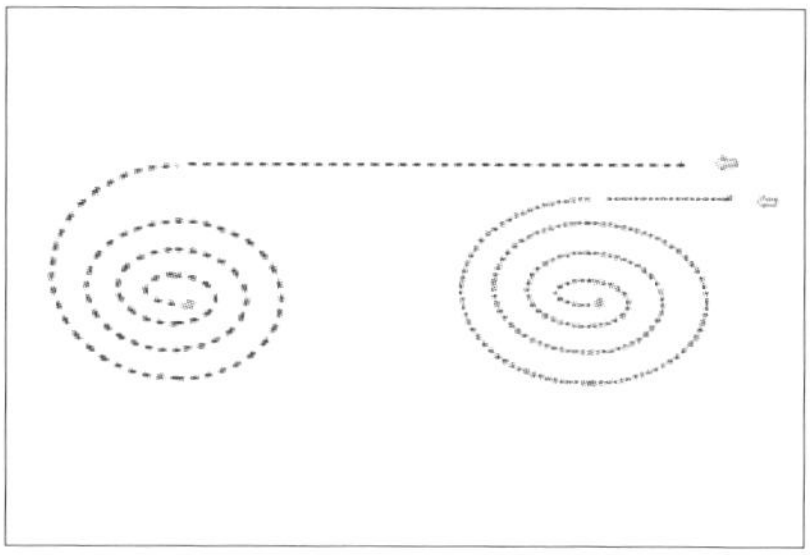

大巻を描く　　二つの小巻を描く

組棒の体系

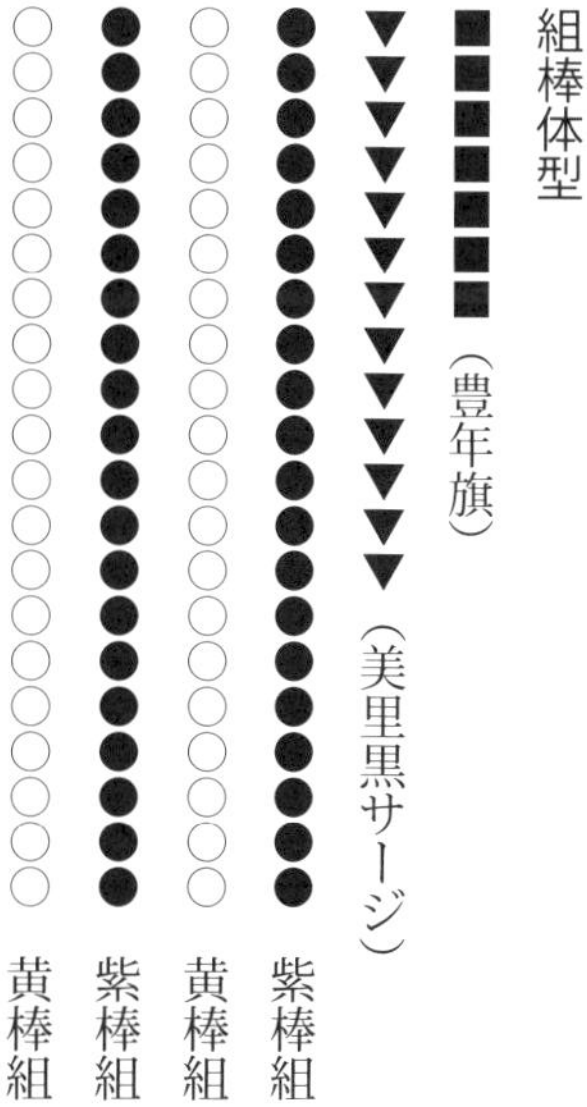

組棒

①スーマチ旗持ちによる槍対薙刀
②六尺棒による五人対五人の組棒
③六尺棒による三人対三人の組棒
④六尺棒による二人対二人の組棒
⑤トゥンファー対六尺棒
⑥一〇人による六尺一人棒
⑦六尺一人棒
⑧六尺棒による四人対四人の組棒
⑨一九人による六尺棒一人棒
⑩シー棒：スーマチ旗持ちによる槍対薙刀

美里のスーマチが行われた年

一八九四年（明治二十七）　日清戦争前
一九一三年（大正二）　明治天皇崩御後
　第一次世界大戦前
一九二八年（昭和三）　昭和天皇御大典
一九八四年（昭和五十九）　海邦国体前
二〇〇六年（平成十七）　美里公園で開催

※一九二八年の大巻の解き方は、最後尾から解いて行く屋慶名のスーマチに似ていた。
※作図は昭和五十九年のスーマチによる。美里小学校運動場

■参考文献

『字美里のスーマチ（潮巻棒）について』美里自治会

9　北中城村島袋采巻
国の采巻

由来　古来、地方祭礼や集団行動から発展したと言われる「棒総巻」は、円の巻き方や円陣の解き方にもいろいろ技法があって、島袋は巻き方を「国の采巻」と呼び、三三〇年前に武士仲村が首里の「西の平」から習い、若者の心身の鍛錬と相互秩序の精神を養成することの目的で教えたのが始まりだと言われている。

棒総巻は棒踊りの一種であるが、それ自体独立して演じられることはない。通常は綱引きの前座として雰囲気を盛り上げるために行われるのが多いが、島袋の棒総巻は、村遊びの演目の中に組み入れて行っている。

村芝居を行う時には必ず棒総巻を先に演じた。棒総巻を演じる人の心構えは、一朝事ある時に備える棒術の精神で一心同体になって演じ、かりそめにも相手の棒を受け損じては男の恥として棒を握り、真剣そのものであった。

島袋の棒総巻は大きな祝い事がある時に行われ、近年では、昭和三年の昭和天皇即位式と翌年の昭和四年に行っている。また昭和十五年の紀元二千六百年祭と昭和二十五年頃に竈《がん》の仕立て祝い、昭和五十三年の第一回北中城村文化まつりにおいて開催。

棒総巻の編成

奇数組

サチワイ（先導者）は三尺棒を持つ。その後に長刀一名と六尺棒人衆が続く。

偶数組

サチワイ（先導者）は三尺棒を持つ。その後にティンベー一名と六尺棒人衆が続く。

棒人衆と衣裳

頭には鉢巻、上衣は白の半袖の上から黒地に赤の縁取りをしたウッチャキー（陣羽織）を着る。白ズボンに白黒の縦縞の脚絆を巻き裸足である。現在は空手着になっている。

楽隊　銅鑼一名、法螺貝一名

会場　舞台

入場　楽屋で、奇数組、偶数組の二組が交互に入り、一列縦隊で整列し待機する。法螺貝の「トゥー・トゥー・トゥー」の合図で一列縦隊になって舞台下手から「サー・サー・サー」と一斉に威勢よく声を掛けながら入場し、舞台を一周して上手に退場する。

楽屋裏で二手に分かれる

①退場すると指導者の指示により、すぐさま奇数組と偶数組の二組に分かれて、奇数組は下手から偶数組は上手から再び入場する。両組は舞台上ですれ違うときに互いの棒の下端をカチカチカチと合わせて行進していき楽屋裏に退場する。

②楽屋では奇数組と偶数組は、行進しながら交差して上手、下手から再び入場する。

③二つの陣を描いて行進していき、交差地点で合流し、一列縦隊となって行進しながら一つの大きな陣を描いて上手へ退場する。

組棒　総巻を終えたら舞台裏でしばらく待機をして、法螺貝と銅鑼の合図で組棒を開始する。一番目はサチワイ（組頭）二人が出て激しく打ち合う。二番手は長刀対ティンベーと続き、その後は順序よく奇数組対偶数組のハジリ棒（組棒）を演じて終わる。

ハジリ棒とは組棒のことで、あらかじめ先輩から棒の技や構え方、突き方、受け方、払い方などの基本技を教わった後に、力量に応じて一分ぐらいの組手を構成して棒を演じる。したがって島袋には決まった型や名称はなかった。総巻の所要時間も三〇分程度に収めるように構成している。

棒演武

・長刀対槍　・刀の形

・六尺棒対三尺棒　・六尺棒対サイ

・六尺二人棒

※島袋のスーマチの特徴は、楽屋裏をうまく活用して集団が途切れなく登場し、大人数に見せる演出をしているところにある。

※次ページの展開図は、昭和五十三年の「第一回北中城村文化まつり」より作図した。

■参考文献

北中城村編纂委員会『北中城村史』北中城村役場

島袋のスーマチ図

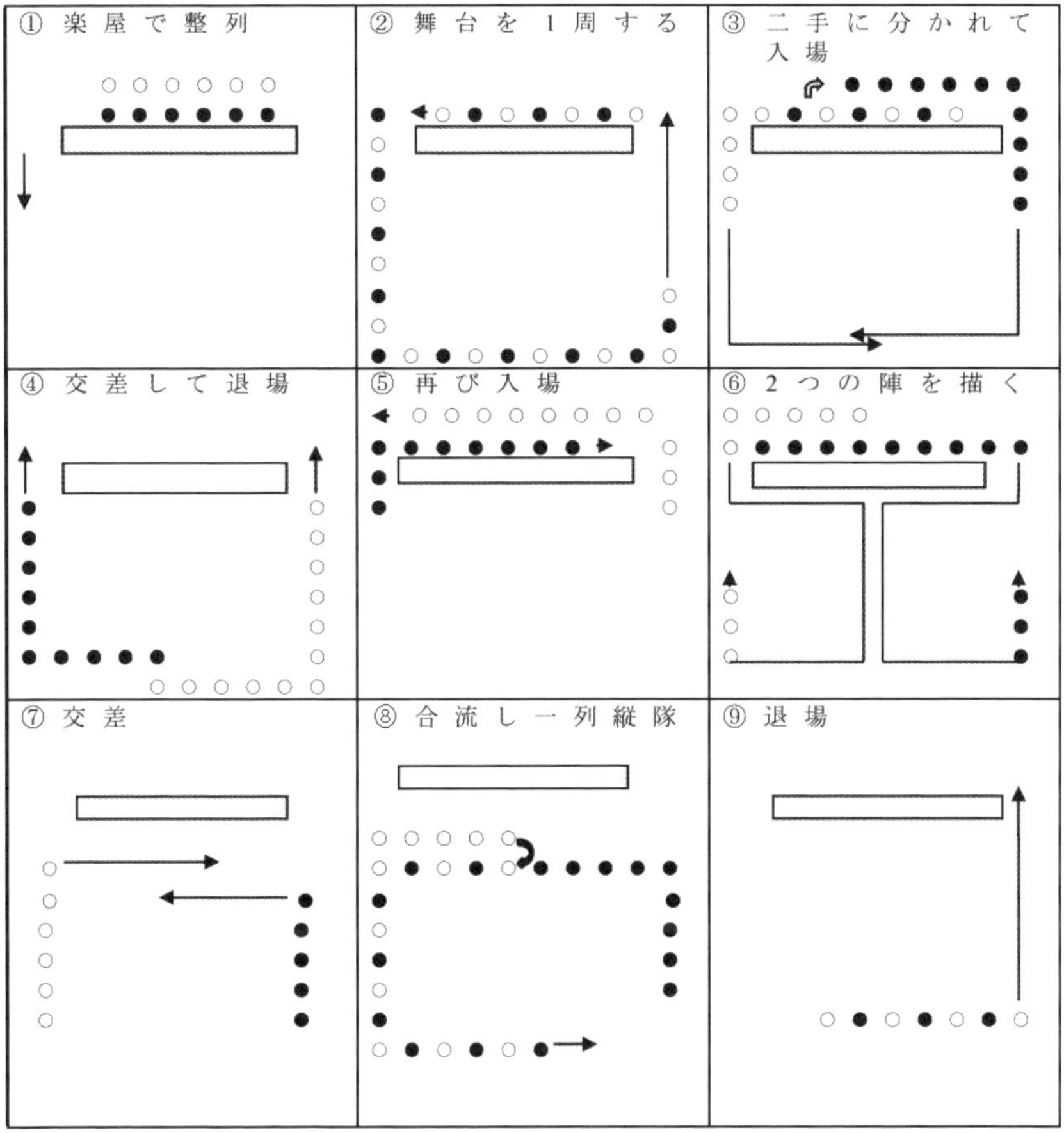
① 楽屋で整列
② 舞台を1周する
③ 二手に分かれて入場
④ 交差して退場
⑤ 再び入場
⑥ 2つの陣を描く
⑦ 交差
⑧ 合流し一列縦隊
⑨ 退場

10　宜野湾市野嵩楽屋マチ　グーヤーマチ・アジケーマチ

野嵩のスーマチは、ガクヤマチ（楽屋巻）と言って舞台で行い、楽屋裏をうまく利用して、棒人衆が大勢いるかのように切れ目なしに渦を巻いていく。

巻き方はグーヤーマチとアジケーマチからなり、最初はグーヤーマチを描いていく。グーヤーマチで村全体を巻くことにより「村を悪疫から守る」のである。次に二つのアジケーマチを巻き、両組がすれ違うときに棒の下方をカチカチと合わせることで「福の神を招く」意味を持つ。七年ごとに行われ、男子三五歳以下からヨチヨチ歩けるようになった男の子まで参加した。

佐喜真興英著『シマの話』によれば、三尺棒と六尺棒を持ち、最初は法螺貝の音に和して一列に進み螺旋を巻き、これを解いた。それから二人ずつの打ち合いの形をやり、再び渦巻をやって退場した。これを村芝居の前後に二回やったとある。

巻き方

①楽屋から長刀持ちを先頭に、棒人衆が一列縦隊になって入場し大巻を左巻きに巻く。しっかり巻いたら中心から反転して巻きを解いていき舞台の下手に退場をする。

②楽屋で奇数組、偶数組の二手に分かれて上手と下手から再び入場し、小巻を二つ描く。奇数組と偶数組が交差する中央で棒の下方をカチカチ合わせて行き、しっかり巻いたら巻きを解く。

③巻きを解いたら奇数組と偶数組は、上手と下手へ退場して組棒の準備をする。

組　棒

①舞台に二人出て組棒を演じる。

②組棒を終わったら上手から一列縦隊で入場して、今度は右巻きに大巻を描く。しっかり巻いたら反転して解き、下手に退場する。

■参考文献

佐喜真興英『シマの話』郷土研究社

図1　大 巻 を 描 く

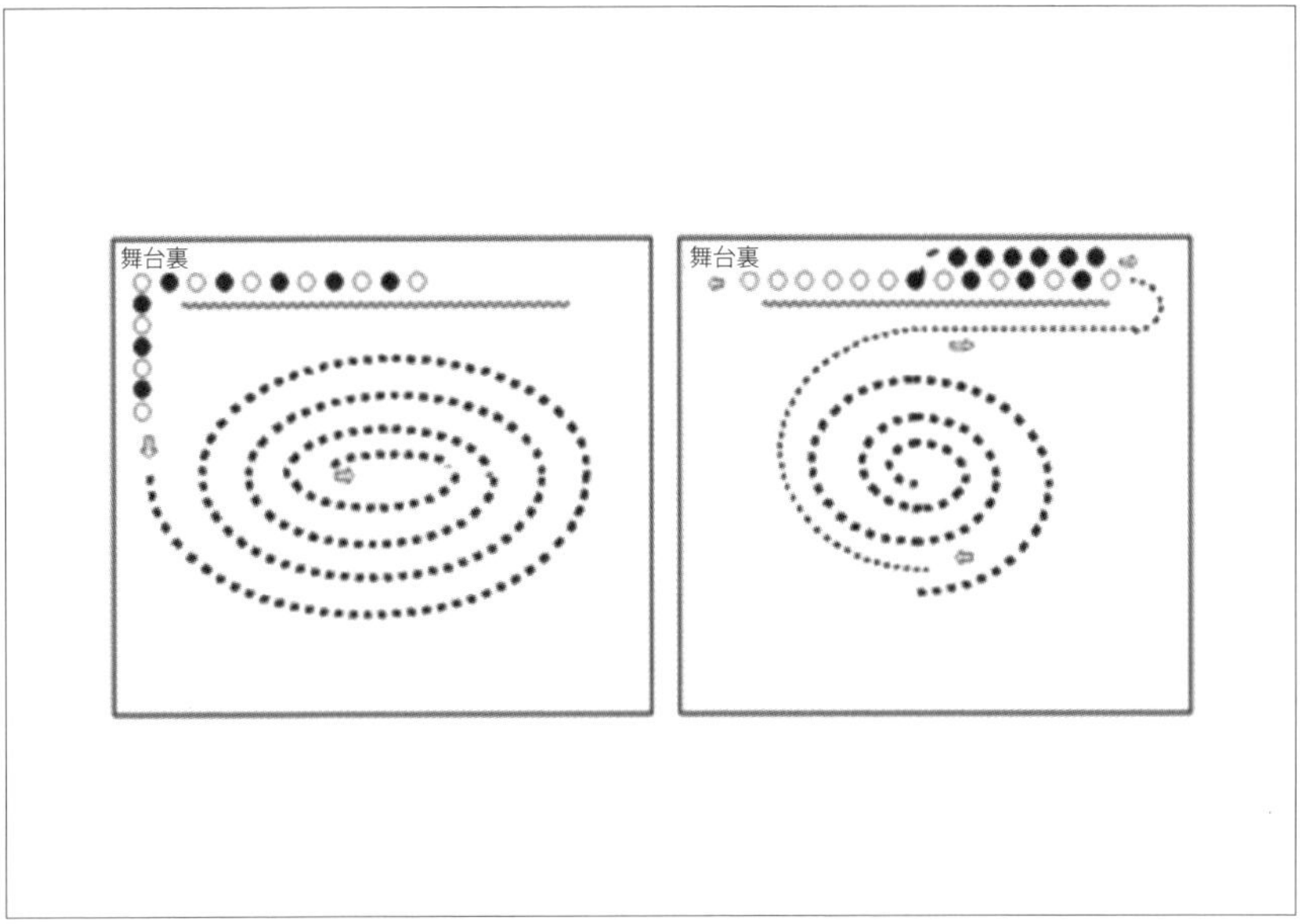

図3　再び大巻を描く

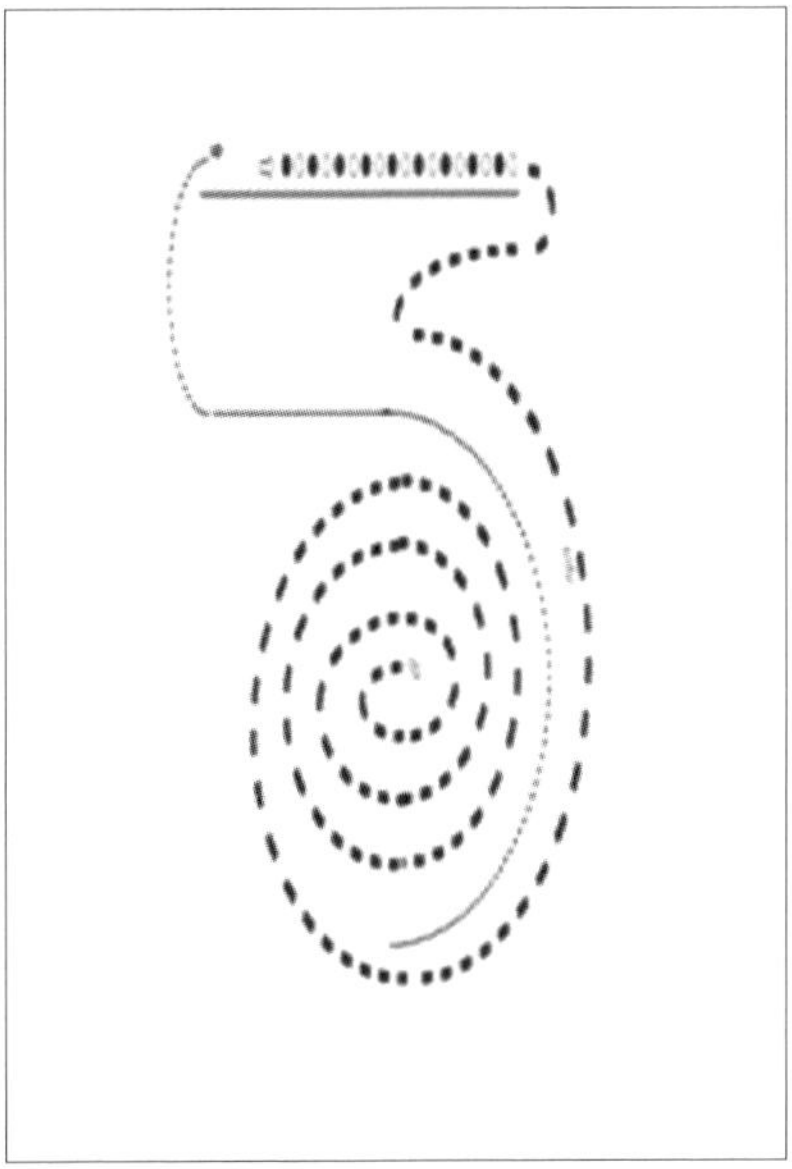

図2　二つの小巻を描く

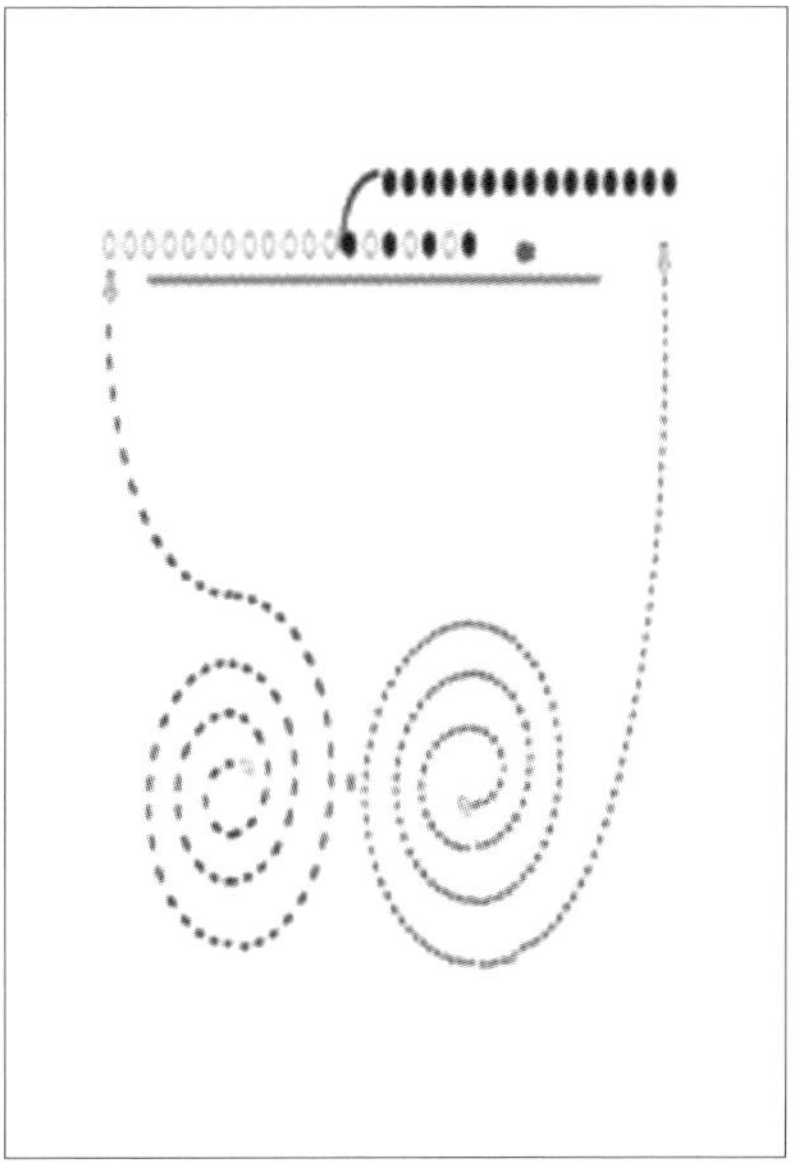

11　南風原町津嘉山スーマチ
龍虎の巻

由来　津嘉山には、踊り棒のメーカタ棒（舞方）や綱曳き棒などがある。舞方は邪気を払うために座開きに踊り、綱曳き棒は旧暦六月十六日の「アミシヌウグヮン（御願）」の日に行い、綱曳きの後に旗のガーエーと棒踊りが行われる。

スーマチは一九一七年（大正六年）と一九二七年（昭和二年）の村芝居以来行われていない。現在では大綱曳きに組棒をやるぐらいである。スーマチは「龍虎の巻」と呼んで、龍と虎が内面は激しい闘志を燃やし、表面では穏やかにじゃれ合う様子を表す。

巻き方　龍の組と虎の組とに分かれ、龍組の棒人衆は東から西方向へ、虎組の棒人衆は西から東方向へ一列縦隊になって同時に入場する。西から龍、東から虎が登場してきて中央でじゃれ合いながら蛇行行進を行う。

棒の種類　舞方《メーカタ》棒は、左舞方棒と右舞方棒があって六尺棒で「かぎやで風」の曲にのせて演舞する。棒は与那城屋慶名の青年から習ったものと言われている。

龍虎の巻

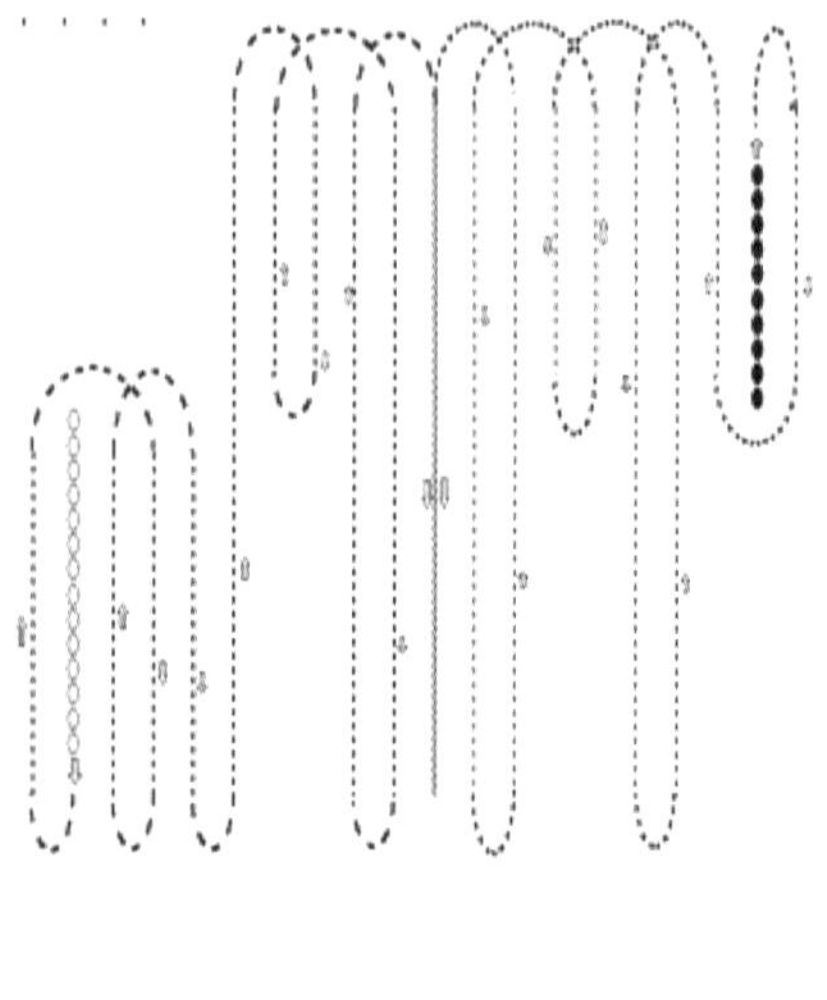

※昭和二年のスーマチを作図

(1)　照屋舞方棒

戦後、浦添の行商人の前田のタンメーから習ったという「アブシの手」と「津堅手」の二つの型があるが現在残っているのは「アブシの手」である。「かぎやで風」の曲に合わせて演じるが「アブシの手」と「津堅手」の歌詞は異なる。

(2)　神里舞方棒

「エークの棍」といって、本来は五尺三寸四分のエーク（櫂）で演じるのを六尺棒に改めたものである。その起源は、海の男が陸にあがって戦うことにあると言われている。

神里の舞方棒は、明治三十七年に金城関太郎の祖父(母方)が玉城村志堅原の某氏から習い、村に伝えたと言われている。

(3)　宮城舞方棒

宮城には、豊見城が謝名の三人兄弟を打ち負かした時の棒術「節落とし」を伝えた説と、新里順三郎が国王の馬丁（調教師）を務めていた時に、霊厳長老秘伝の「節落とし」を密かに習い、現在に伝えた説がある。

その中に「ジジンぬ棍」「佐久川ぬ棍」「ウーラン」の型があって、この三つの型を組み立てたのが舞方である。

12　浦添市前田棒

由来　前田では一年おきにウカミぬウトゥイムチ（御神の接待）という目的で八月遊びを行う。

本番に向けて八月一日から一日おきに踊りや棒の稽古を始め、十日にはメーアシビ(前遊び)の予行演習をやり、十三、十五、十七日は正日といって本番を迎える。十五日には村の本家（ムートゥヤー）である上の新城、後川端、親冨祖の家と村の役員がタカウハカにサンシンを弾いて歌を奉納する。

村棒は一五歳から三五歳までの男子が行う。不器用で棒を振れない青年は、チャーフカサー（お茶沸かし）といって接待役にまわされた。棒シンカ（棒人衆）は頭にマンサージを被り、上下とも白にウッチャキを着け、白黒の脚絆を巻いて勇ましく棒演武を行った。

巻棒　六尺棒を右手に高く上げて、ドラ、鉦、太鼓の音に合わせて二列になって入場する。指揮者の一段大きく打ち鳴らすドラの合図で「ヒャーアーイッ」「ヤイッ、ヒャ」の掛け声を発し、駆け足で渦を巻いていく。

延え棒（フェボー）　全員が一列になり一斉に一人棒、二人棒、三人棒などを行う。

棒種類

一人棒

周氏の棍、趙雲の棍、志喜屋仲の棍、前田棒、前田の棍

二人棒

六尺棒対六尺棒、三尺棒対六尺棒、槍対長刀、棍対六尺棒

三人棒

六尺棒対二人三尺棒

サイ対棒

■参考文献
浦添市教育委員会『浦添文化財調査報告書第十七集』浦添市教育委員会

(1) 内間合戦棒

内間の棒は「合戦棒」と呼び、下級武士や農民の間で護身用として普及し現在まで、その形を崩すことなく伝承されている。

マチ棒　銅鑼打ちを先頭に六尺棒やサク（三尺棒）を上下に揺すり、銅鑼の合図と「ハーイヤ」と声を上げながら大巻を巻いていき、しっかり巻いたら解きに入る。

棒の種類

一人棒・六尺棒対三尺棒・六尺棒対素手

※サクとは尺（シャク）の転訛。

■参考文献
内間字誌編集委員会『内間字誌』内間自治会

(2) 小湾アギバーリーとグーヤーマチ

アギバーリーとは、爬龍船（ハーリー）競漕を模倣したものを陸上で行うこと。

船縁は幕で作り、その中に漕ぎ手が入り、エーク（櫂）で漕ぐ所作を行う。「アギ（陸）バーリー」または「地バーリー」と称している。

小湾の「アギバーリー」は、一九一五年（大正四年）の大正天皇即位祝賀式典に出演したのが始まりで、那覇

市泊から習ったものである。小湾のアギバーリーは「船をこぐ所作」とマチ棒「グーヤーマチ」の二部構成で進行する。

一部の「アギバーリー」が終わると、漕ぎ手たちは、腰の帯と船縁を結んだ縄を外し、鐘打ちを先頭に、旗振り・漕ぎ手・ヒッパヤーと続き、ウェーク（櫂）を右八相の構えで一列に整列する。

鐘のリズムに合わせて、「サッサツ、サッサッ、サツサ……」と掛け声をかけながら櫂や旗を上下に振り、時計回りに渦を巻いていく。中央の「小湾アギバーリー」の旗に先頭が到着すると、反転して渦を解いていき退場していく。

※グーヤーマチとは高瀬貝のことで、反時計回りに渦を巻くのが正しい。

■参考文献

加藤久子編集代表『小湾字誌（戦中・戦後編）』小湾字史編集委員会
小波津健『沖縄風土記全集第五巻』新星図書

13　豊見城村保栄茂マチ棒
タカ巻

由来　毎年旧八月十五夜には、稲、粟、麦などの五穀豊穣を祝って豊年祭を行うがマチ棒は酉年《とりどし》と卯年《うどし》の六年ごとの大豊年祭（ウフドゥシ）の時に行う。大豊年祭には、旧暦八月九日のコウヌウェー（赤馬の祝い）と龕《がん》の修繕を行う慣わしであったが、現在は祈願と奉納舞踊のみになっている。

マチ棒は、グヤ巻説とサンコウ巻説があるが、どちらも定かではない。大正初期の巻き方を参考にして、現在の巻き方「鷹巻《タカマキ》」を誕生させている。巻き方が大空を雄々しく旋回する鷹の群れに似ているので「タカ巻」と称している。

道ズネーイ　道ズネーイの当日は、国元であるウィージーブ（上宜保）で、五穀豊穣の祈願と舞踊を奉納してニライカナイからの弥勒菩薩を迎える。

馬場に向け村旗《カイマタ》・字旗を先頭に大太鼓打ち、弥勒、敬老組・小太鼓打ちの婦女子組、踊り人衆、小太鼓・鉦鼓隊の子供組と続き、太鼓の形の一番灯籠の後に棒人衆壮年組、枡（チョウバン）の形の二番灯籠、ウチワの形の三番灯籠の後に棒人衆組と続く。

入場　馬場では、長者の大主、薙刀踊り、笠小、大笠踊り、弥勒節などが披露され、引き続きマチ棒、支度、綱曳きと続く。これらの演目が終わると弥勒を先頭に国元へ帰り、祭りが無事終わった事を報告して神アサギに弥勒菩薩を奉還する。その後、道ズネーイは東西の両旗宿（集会所）に分かれていく。

旗頭　旗頭は、真竹に藁綱を巻き付けた長さ五メートル、重さ四〇キログラムもある村旗を上下に揺さぶり、東西のガーエースーブ（掛け合い勝負）で雰囲気を盛り上げる役目を持つ。旗灯籠は大太鼓二基、枡一基、ウチワ一基、村旗《カイマタ》一基の計五基である。村旗は、卯年と酉年の大豊年祭の時だけに登場する。

巻き方　総勢二〇〇名の若者がウー棒組とミー棒組に分かれ、鑓を持つウー棒組のマチ頭と薙刀を持つミー棒組のマチ頭の後に六尺棒または三尺棒を持つ棒人衆が続く。頭は風呂敷をかぶり紫のハチマキで結び、衣裳は上下とも白に陣羽織を着て、白黒の縦縞の脚半を巻く。棒の持ち方は六尺棒の下方を右手で持ち右腰に添え、左手は右肩に添えて棒を逆手で縦一文字に持つ。

①銅鑼の合図で一斉に「ヒャーユイ」の気勢をあげ、棒を天高く上げ「ユイ」と発し、ゆっくりと西馬場から東馬場へ向かう。

②東馬場を外周して、馬場全体に大きく円陣を描いていき、銅鑼の合図で「ヒャーユイ」と発し、一斉に「ヘーイ棒」と「ヒチンザシー」を行う。

③その後、一つの円陣からウー棒組とミー棒組に分かれて、再び二つの円陣を組んで行きタンカー棒に入る。

④二つの円陣からミー棒が解かれて、ウー棒の巻きに次第に合流して一つの大きな渦巻をつくる。しっかり締めたら解きに入り、元の円陣に戻る。

組棒　二人棒、三人棒、五人棒、ダンぬグサン（段の棒）、サイ対棒、薙刀対棒、シーマチの鑓対薙刀で締める。

■参考文献

『豊年祭』保栄茂自治会豊年祭実行委員会

逆手に棒を持つ

西馬場から東馬場へ行進（大円陣へ）

シーマチの鎚対薙刀

14 糸満市喜屋武巻棒 インジラマチ

由来 喜屋武の巻棒はインジラマチ（犬面巻）といって、首里の真謝氏から伝授されたものであると言われ、一七歳から四〇歳までの男子が棒スネーイを行う。馬追小（馬場広場）に到着すると巻棒を披露する。

巻き方 細い坂道を駆け上がって、奇数組と偶数組の棒人衆が交互に入り一列縦隊で馬場広場に登場し、前後に向き合って掛け声とともに一斉に組棒を始める。

組棒を終えると一斉に「ヒャーユイ」の気勢をあげ、駆け足で一列縦隊から左右に奇数組と偶数組の二手に分かれていき二列縦隊になる。そこで一斉に六尺棒対三尺棒の組棒を行う。二組がさらに二手に分かれて四列になり、四列縦隊になる。再び三度目の組棒を行う。

組棒を終えると駆け足になり、四列縦隊から各列が交互に入り、一列縦隊になって退場しながら舞台へなだれ込む。銅鑼の合図により、六尺棒対六尺棒、三尺棒対三尺棒、三人棒など全員が組棒を演武して終了する。そして舞台の部の開幕となる。

図1 一列縦隊で入場し二組に分かれる

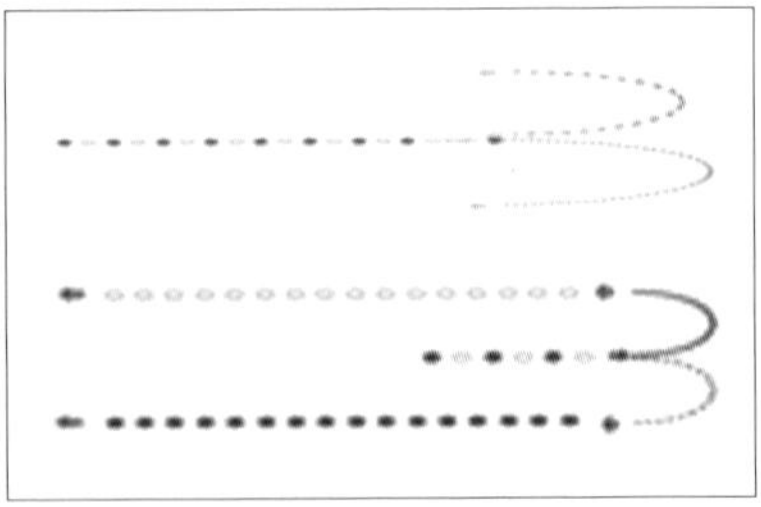

図2 四列へ

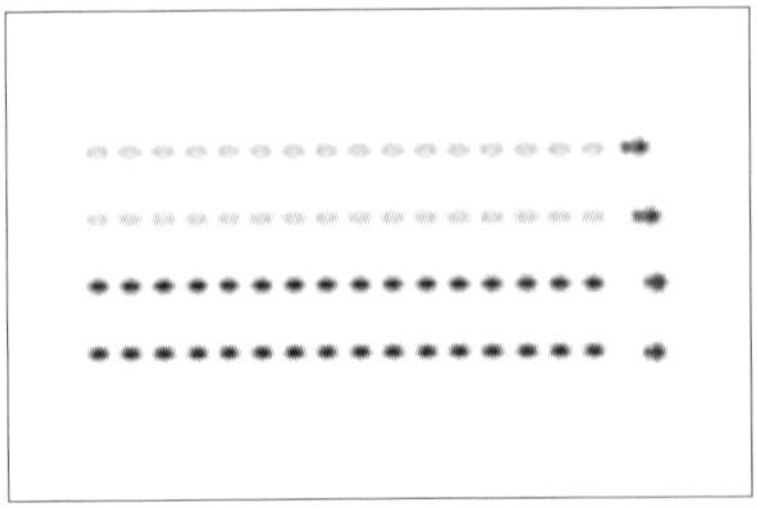

図3 四列行進

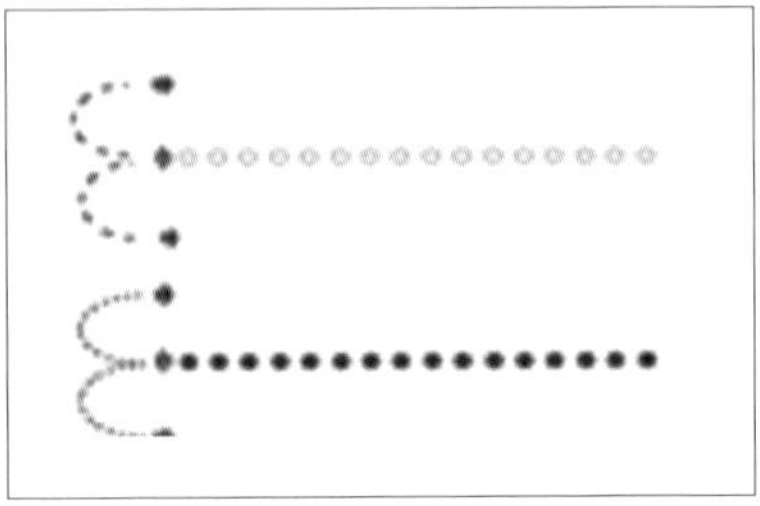

図4 四列から一列へ

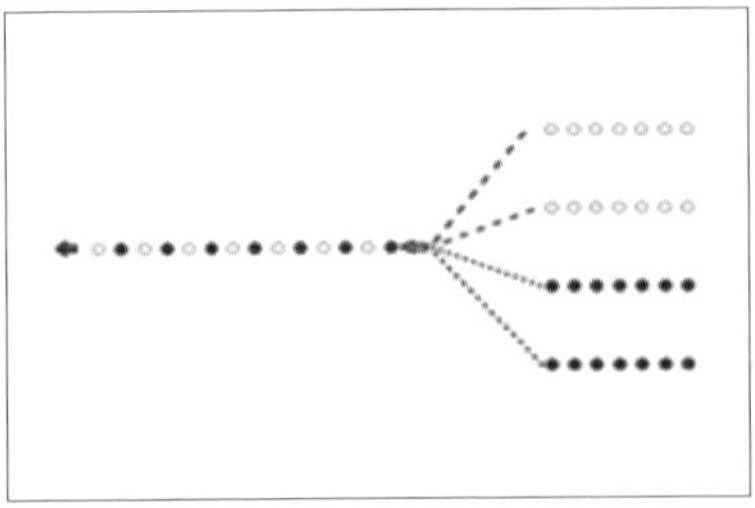

15　糸満市新垣スーマチ
四方巻・八方巻

由来　新垣の棒は一八〇〇年頃、畑を荒らす泥棒を識名武士が棒で退治したのがはじまりとされる。毎年旧八月十五日になると、各拝所をまわって若者の心身鍛練、豊年や平安祈願をして棒の奉納をする。

祭りは、村元のミシマぬ世と神アサギからはじまり、殿、ヌルドゥンチ（ノロ殿内）、神屋、識名武士の墓へと回り棒の奉納をする。最後は再び殿に戻り、無事に御願を終えた意味で「タンカー棒」を奉納する。

棒人衆と衣裳　巻頭の頭は飾り兜に鉢巻を締め、白シャツにタスキを前後十字に掛けて陣羽織を着け、白ズボンに白黒の縦縞の脚絆を巻く。

入場　三角旗を持つ三人の巻頭と六尺棒持つ棒人衆が続き、四方巻と八方巻を描く。八方巻は小禄から伝わった。

組棒

○ダンヌ棒（段の棒）
○タンカー棒：三尺棒対六尺棒（三人棒）
○サイぬ手　○ティンベー　○尺小（三尺棒）
○腹切り《ハラガーギリ》

旗頭の入場

(1) 真栄里棒

真栄里の棒は旧暦八月十六日の綱曳きの時に行う。巻棒は西組、東組の二組が一列になり、六尺棒を頭上に直立させて左巻きに巻いていき、しっかり巻いたら解きながら棒をカチカチと合わせていく。

組 棒

東組の棒

トン棒、棍の棒、三人棒、タンカー棒

西組の棒

トン棒、津堅棒、三人棒、泊の棍、タンカー棒

※ヒャグサン（四方固めの棒）

(2) 真栄平棒

旧暦八月十五日に行う。各拝所を回り、ヌン殿内～左風水、ジャナ、殿、イビ（御嶽の拝所）、按司墓、武士墓、マチュー毛で棒の奉納を終わると、東西に分かれて巻棒と組棒を行う。

棒の種類

段ぬ棒

トゥン棒

巻棒

ティンベー

■参考文献

糸満市史編集委員会『糸満市史　資料編12』糸満市役所

16　南城市佐敷津波古棒マチ
ゼーマチ

由来　戦前は旧暦七月、八月の年中行事の「村遊び」で棒マチが行われた。

津波古の棒マチは「ゼーマチ」と呼ばれ、津波古の東西二〇〇メートルある大通り（ンマウィー小）で行われた。

巻き方

①二〇〇人近くの棒人衆が前棒組（奇数組）と後棒組（偶数組）の二組からなり、入場は飾りをつけた薙刀を持つ組頭の先導で、一列縦隊になって左回りに円陣を作りながら三回小走りにまわる。

②三回のまわりを終わると行進をやめ、前棒組と後棒組が一斉に組棒を行う。

③さらに三回まわって薙刀が出発点に到着すると、前棒組はそのまま進んで内円を作り、後棒組は反転して外円を作る。

④両組ともまわりながら相手の棒にカチカチと合わせて進んでいく。

図1　円形に円陣を描く

図2　外円と内円を描く

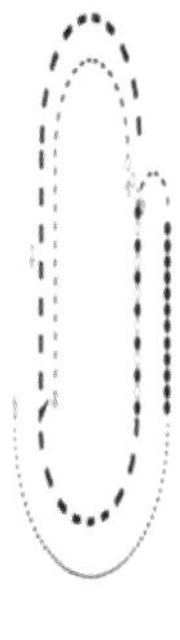

図3　棒をカチカチ合わせる

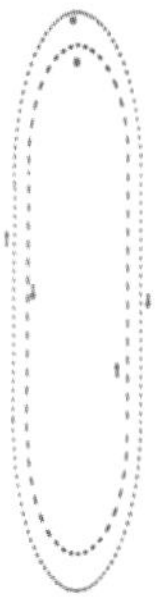

図4　二手に分かれ組棒態勢に入る

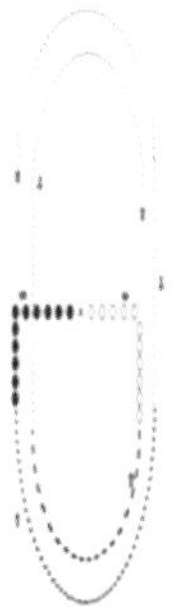

⑤前棒組と後棒組は二手に分かれて行き、円の中央で組棒体勢に入る。中央でタンカー棒（一対一）を順次全員で行い一列縦隊で退場する。

組　棒

チュイボウ（一人棒）

一人棒クンヌティ（棍の手）を有段者が行う。

※銅鑼と鉦鼓の調子に合わせて行う。

タイボウ（二人棒）

二人棒タンカー棒を一対一で行う。

※棒の技は大抵決まっているが、いろいろ工夫して技を入れることが出来た。

ミッチャイボウ（三人棒）

一対二で行い、中打ち一人と側打ち二人が行う。

ユッタイボウ（四人棒）

四人が前後左右の者と闘う。

※この四人棒は、明治四十三年（一九三〇）頃に楚南小ム前、新大屋、前道、西当山の四人の棒好きの若者が、勝連津堅島の「棒まつり」の時に、四人棒をこっそり盗み見て津波古に持ち帰って伝承した。

グニンボウ（五人棒）

中打ち一人対側打ち四人で行う。当初は中打ちが六尺棒、側打ちが三尺棒であったが、大正十三年頃から全員六尺棒を用いるようになった。

※中打ちを先頭に、側打ち四人は二列なって舞台に進み出て、中内は一人で棒を演じる。次に四人の側打ちは二、三手を演じた後に、中打ち対側打ちの演武を始める。

ハジリ棒

大抵の組棒に約束ごとがあるのに対し、ハジリ棒は約束ごとがなく、自由に打ち合うケンカ棒である。酒座の余興の時に行われ、おもしろ、おかしく行われる棒である。

メーカタ棒（舞方）

メーカタ棒は三種類あった。

※津波古では昭和二十五年（一九五〇）に棒マチを行って以来、平成六年（一九九四）に四四年ぶりに復活した。

17　南城市佐敷屋比久棒マチ
ウママチ・グーヤーマチ・ナミマチ

由来　棒マチは、旧暦七月の「ヌーバレー」や八月十五夜の時に「上の毛」で大正八年（一九一九）頃まで盛んに行われていたが、次第に下火になり現在は行われていない。

巻き方　棒マチは、ウママチ、グーヤーマチ、ナミマチの三つの構成からなり、最初に前棒と後棒が一組ずつタンカー棒を演じてから巻きに入る。

①前棒組と後棒組が交互に入り一列縦隊で入場し大きな楕円形を描く。

②途中で前棒組と後棒組は二手に分れて、左巻きに二つの小巻を巻いていく。しっかり巻いたら、中心から反転して解きに入る。

③巻きの外に出たら、前棒組は外側に右回りに、後棒組は内側に左回りに楕円形を描く。その時ぐるぐる回りながらお互いの棒の下方をカチカチ合わせて行く。

④途中で前棒組と後棒組は二手に分かれて相対し、そこ

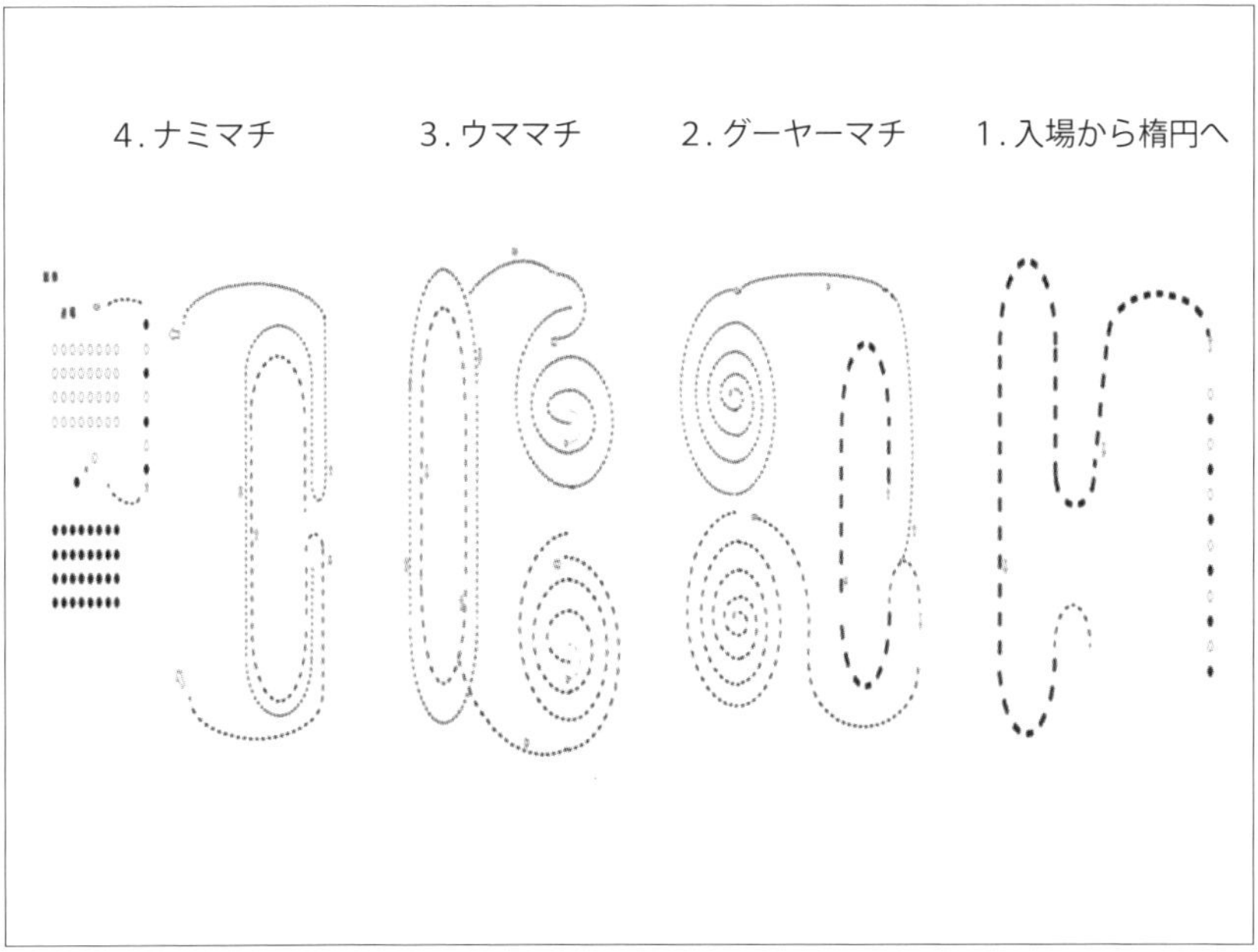

で一組ずつタンカー棒を演じる。全員が終えると最初の一列縦隊に戻り、総打ちして退場する。

組　棒

ティンベー

楯と刀を持った者対槍で行う。前の人は楯と刀を持ち後ろの人は槍を持つ。礼で始め槍の人が掛け声をかける。鉦に合わせて行う。

カマンティ（鎌の手）

二丁鎌対六尺棒で行う。前は二丁鎌、後ろは六尺棒を持ち、棒の人の掛け声と鉦に合わせて行う。

(1)　佐敷棒

佐敷棒は、昭和十五年（一九四〇）頃までは年中行事として、旧暦八月十五日に馬場小で行われた。

衣裳は、頭にはサージ（布）を巻き、バサージン（芭蕉衣）を着け、タスキを掛けて脚は脚絆を巻き、裸足になる。

始めにダンヌムン（段の棒）を有段者が演じ、その後で組棒と棒マチを演じた。最後はウンケー棒（迎え棒）で終わった。

(2)　伊原棒

伊原の棒は、東恩納孝真が與那嶺美作（佐敷）、屋比久孟徳（津波古）、ブサー屋比久（孟伝）の三氏から習い、昭和初期に独自の棒としてまとめたものである。はじめに棒の型を演じてから組棒を演じる。

(3)　知念志喜屋棒

旧暦八月十一日のヨーカビーに行う。棒の種類は二人棒、四人棒、段ヌ棒からなる。

18　南城市玉城前川スーマチ棒
チンナマーマチ・グーヤーマチ

由来　前川の棒は、武人大城親雲上武多（上間ンータータンメー）が伝える。

一八六七年頃、前川村と船越村の間にある石川原の土地争いが起こり、その仲裁役として首里王府から派遣されたのが大城親雲上武多である。

武多は、石川原の土地争いを解決した後も、松の種苗管理役として前川村に永住し、地元の青年たちに武術を教え、弟子の大城筑登之と後中門の仲村久助らが棒を継承し、村の青年たちにスーマチ棒と舞方棒を指導する。

また大城親雲上の孫にあたる金城武盛は直々に空手や棒術を習い、弟子の新垣松信が前川棒を継承している。

スーマチ棒は、ハカチ毛やウマイー（馬場）で練習を行い、本番は銅鑼、鉦鼓、大太鼓、法螺貝、指笛などで気勢を上げて行われた。巻き方はグーヤーマチ（高瀬貝）とチンナマーマチ（巻貝）からなっている。

棒人衆と衣裳　棒人衆組の頭は、紫のマンサージを後ろ蝶結びし、白の半袖にハッピ（半被）を着けて黒帯のタスキを掛け、白のズボンに黒布の脚絆を巻く。

六尺棒の持ち方　左手は左胸にして脇を締め、右手は右腰に斜下にして持つ。

巻き方　白の前旗と白の中旗、黒の後旗を広場の所定の位置に立て、その旗を目指して渦を巻いて行く。

出羽のところで、前棒白組を先頭に後棒黒組が交互に入り、一列縦隊で整列する。「ヒャーユイ・ヤイ」の二回のヤグイ（掛け声）と共に棒を真直ぐに立てて高く飛び上がり、「ヤイ・ヤイ」のヤグイ（気合）をかけながら足を高く上げて、早足で入場する。

一番チンナマーマチ（一つの大円陣をつくる）

前棒白組、後棒黒組と交互に入り、一列縦隊になり早足で行進しながら、白旗と黒旗の間を左巻きに三回巻いて一つの大きな円陣を組む。

二番チンナマーマチ（二つの小円陣をつくる）

中旗のところで前棒白組と後棒黒組の二手に分かれ、前棒白組は前旗を左巻きに巻き、後棒黒組は後旗を左巻きに巻いていく。互いに交差をするときに六尺棒の下方をカチカチと合わせながら三回巻いて、三番のグーヤーマチ「8の字」の体勢に入る。

三番グーヤーマチ

六尺棒を上向きに持ち替え「ヒャーユイ・ヤイ」の二回のヤグイで、前棒白組と後棒黒組の奇数棒人衆は、内側にそのまま円陣を左巻きに進む。偶数棒人衆は、相手の円陣の外側を右巻きに「8の字」に三回巻いて行く。終わったら「ヒャーユイ・ヤイ」の掛け声で、棒を上向きに立てて持ち替える。

四番チンナマーマチ（大巻きをつくる）

前棒白組と後棒黒組が速歩で「ヤイ・ヤイ」とヤグイを入れながら交互に入り、一列縦隊になって後旗を左巻きに巻いていく。しっかりと巻いたら反転して右巻きに解きに入り、「ヒャーユイ・ヤイ」のヤグイ（気合）を二回やって退場する。

※巻き方は、チンナマーマチとグーヤーマチからなっているが両方とも巻貝のこと。

■参考文献

玉城村前川誌編集委員会『玉城村前川誌』前川誌編集委員会

図1 一番チンナマーマチ（大巻）

図2 二番チンナマーマチ体勢へ

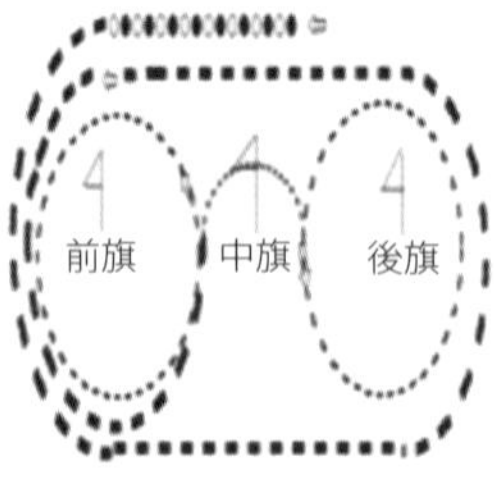

図3 棒をカチカチ合わす

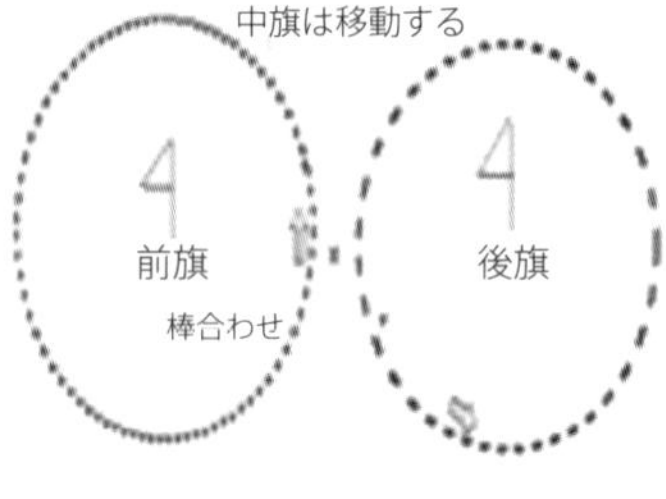

図4 三番グーヤーマチ

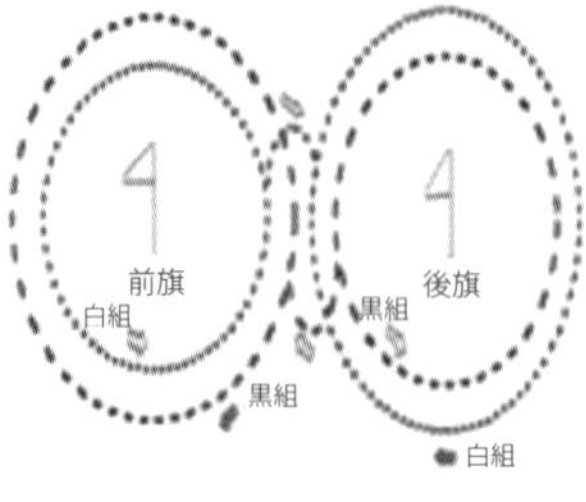

図５ 四番チンナマーマチ

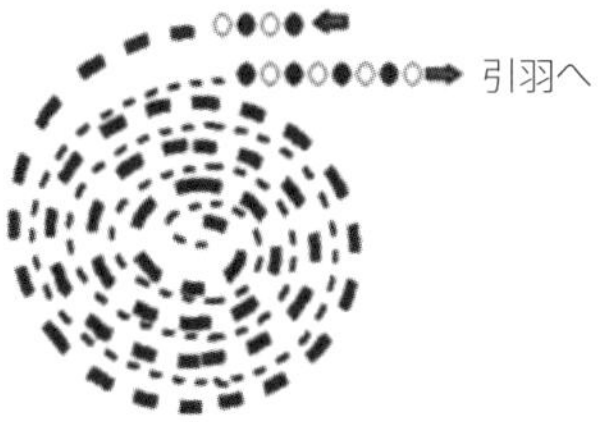

図６ 旗を巻いていく

19　南城市玉城奥武島スーマチ

潮巻

由来　奥武島は沖縄本島南部にある小島で、現在は本島と橋で結ばれ、島の中央には観音堂がある。四〇〇年程前、暴風に遭って島に漂着した中国船を住民総出で救助して手厚くもてなし、壊れた船を修理して無事帰国させた。そのお礼として中国から贈られた金の仏像と仏具一式が納められたという。

五年ごとに行われる二〇一〇年（平成二十二）には、奥武観音堂三九五年祭を開催し、祖先の偉業を称えるとともに五穀豊穣と豊漁を祈願し、棒術、スーマチ、ウシデークを奉納した。

奥武島には津堅島に伝わる「津堅暗闇ぬ棒」「砂掛ちの手」が伝承されている。遠い昔より沖縄のウミンチュ（漁師）は勇壮果敢にしてサバニ（小舟）を操り、南蛮貿易を拓き、その名を世界へ轟かせた歴史を持つ。

奥武島のウミンチュたちは旅と称して種子島や屋久島などへ出稼ぎに出た。また隣の久高島や津堅島では、浜辺の仮小屋にしばらく滞在して漁（主にイカ釣り漁）をする。その時の島の人たちとの交流で、棒術が盛んな津堅島の若者から津堅棒を伝授されたという。

その後、奥武島では観音堂祭や諸行事などで機会あるごとに棒術が行われるようになり、各家庭には必ず六尺棒を家の中柱に縄で強く結びつけてあった。

戦後の混乱期の中、村棒は一時途絶えるが、一九七四年（昭和四十九）、玉城村芸能発表会で「大槍ぬ手」「砂かちぬ手」が演武されると、村棒復活の機運が高まり、翌年の観音堂三六〇年祭で、盛大にスーマチをはじめ各棒術が本格的に復活した。

潮巻

扮装

頭に白いタオルを締め、白い上下に紫のタスキを掛け紫の腰帯を結び、白黒の縦縞の脚絆を巻く。

棒の持ち方

約二〇〇名の棒人衆が六尺棒を左手は左肩に、右手は右腰に添えて持ち、いわゆる砂掛けの構えをする。

編成

前棒と後棒の二組に分かれ、エーク（櫂）を持つ前棒とトゥジャ（銛）を持つ後棒を先頭に強者（大人）が一列縦隊で整列し、その後に弱者（子供達）が一列縦隊に整列する。最初に、観音堂広場において邪気払いの舞方棒を演武してから棒人衆が入場する。

入場

前棒と後棒の棒人衆が二列縦隊になって、鉦、締太鼓、法螺貝に合わせて「ヤイ、ヤイ、ヤイ」とヤグイを発しながら小走りで観音堂広場に入場する。

二つの小巻をつくる

①前棒は西側へ、後棒は東側へ反時計回りに渦を巻いて二つの小巻をつくっていく。その時、内円の弱者（子供たち）を敵から護るように、外円の強者（大人）が寄り添って渦を巻いていく。

②東西に二つの小巻を巻きながら前棒と後棒がすれ違うA地点で、棒と棒を「カチ、カチ、カチ」と合わせながら進行していく。

③二つの小巻をしっかり巻いたら「ヒャーユイ」「マタンヒャーユイ」とヤグイ（かけ声）を発し、一斉に六

尺棒を天に突き上げて下ろし、時計回りに渦を解いて退場して行く。

大円陣を描く

①前棒と後棒が合流し一列縦隊で再び入場し、反時計回りに大円陣を描く。

②円陣の中で数組の組棒を演じる。

組棒演武

大槍ぬ手（ウフヤイヌ手）

　前棒の槍対後棒の長刀

槍小ぬ手（ヤイグヮーヌ手）

砂掛けぬ手（シナカチヌ手）

　前棒はエーク（櫂）対後棒はトゥジャ（銛）

尺小ぬ手（シャクグヮーヌ手）

　三尺棒対六尺棒

ブイ小ぬ手（ブイグヮーヌ手）

　2本の短棒対六尺棒

櫂ぬ手（エークヌ手）

　エークによる一人棒

津堅暗闇ぬ棒（チキンクラシン棒）

二つの小巻を描く　組棒演武を終えると、大円陣は前棒と後棒に分かれながら再び二つの小巻を描く。

①東西に二つの小巻を巻きながら前棒と後棒がすれ違うA地点で、棒と棒を「カチ、カチ、カチ」と合わせながら進行していく。

②二つの小巻をしっかり巻いたら「ヒャーユイ」「マタンヒャーユイ」とヤグイ（かけ声）を発し、一斉に六尺棒を天に突き上げて下ろし、時計回りに渦を解いて退場して行く。

道　棒

①道路で前棒と後棒は向き合って一斉に組棒を行う。

②組棒を終了したら前棒と後棒は合流し一列縦隊になって再び入場する、

大巻をつくる　前棒を先頭に棒人衆が入場し、反時計回りに一つの大巻を巻いていき、しっかり巻いたら一斉に「ヒャーユイ」と棒を天に突き上げ、時計回りに渦を解いて退場する。

臼太鼓演舞

①退場したら再び入場し、前棒と後棒は左右に分かれて

円陣を描き、円陣の中に臼太鼓の踊り人衆を迎え入れる。

②臼太鼓の踊り人衆を棒人衆が囲み、外部から邪魔が入らないようにする。

③臼太鼓演舞が終了したら円陣を解き退場する。

■参考文献

『奥武島観音堂四〇〇年祭プログラム』

組棒のようす

スーマチのようす

奥武島スーマチ図

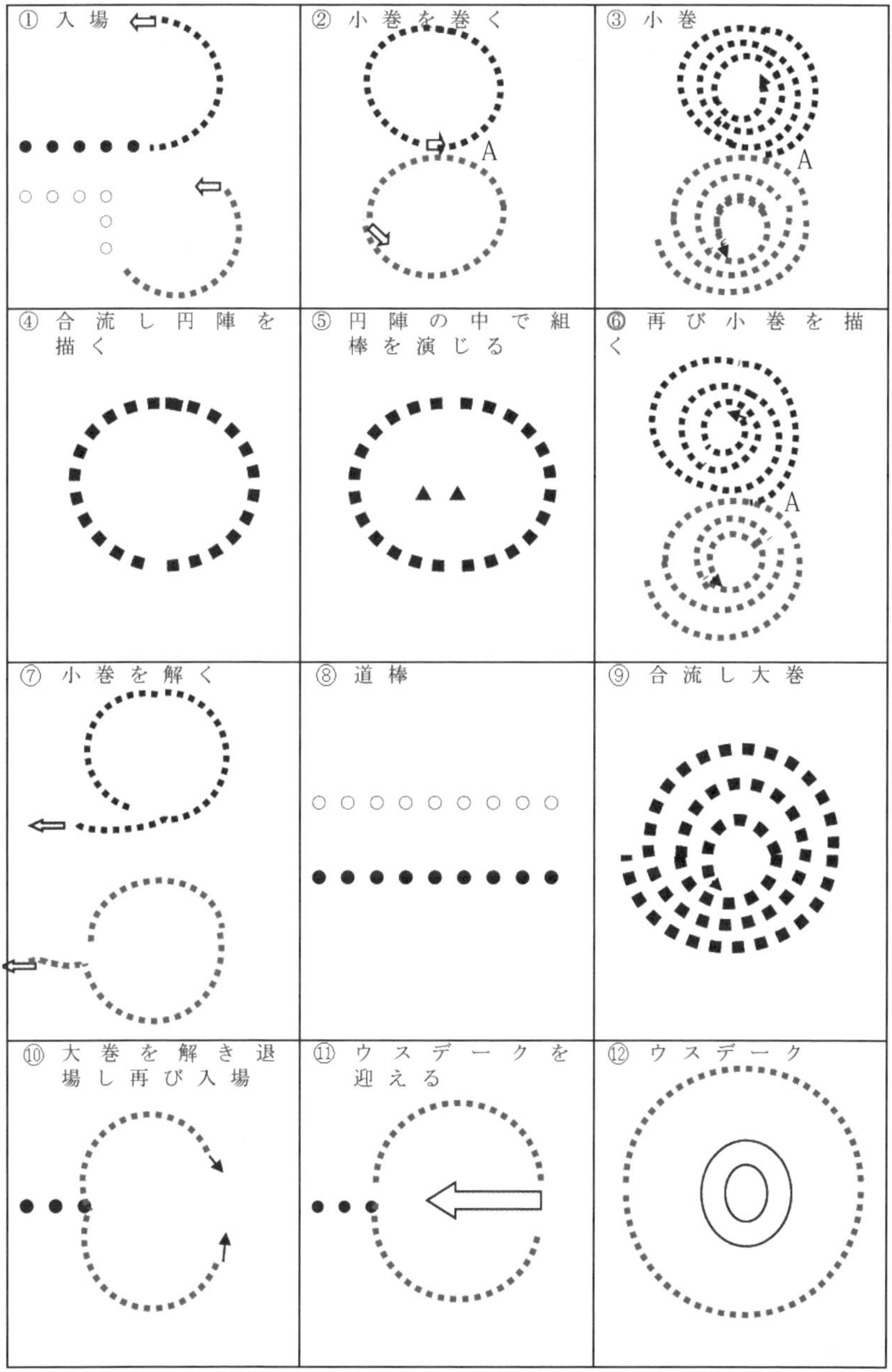
① 入 場
② 小 巻 を 巻 く
A
③ 小 巻
A
④ 合 流 し 円 陣 を 描 く
⑤ 円 陣 の 中 で 組 棒 を 演 じ る
⑥ 再 び 小 巻 を 描 く
A
⑦ 小 巻 を 解 く
⑧ 道 棒
⑨ 合 流 し 大 巻
⑩ 大 巻 を 解 き 退 場 し 再 び 入 場
⑪ ウ ス デ ー ク を 迎 え る
⑫ ウ ス デ ー ク

20　八重瀬町東風平富盛棒巻
ウラ巻・グーヤー巻

由来　毎年行われる旧暦八月十五日の村遊びは、村の北側を「ニシの平」、南側を「へーの平」と呼び、村祭りのすべての演目や役割を取り決めて行う。

棒人衆と衣装　頭は、紫色の長いサージを後ろ結びにして、上衣は白の長襦袢に紫のたすきをかけ、白いズボンに白黒の縦縞の脚絆を巻く。

棒の持ち方　尺棒（三尺棒）と六尺棒があり、三尺棒は立てて下方を左手で握り右腰につける。右手は上方を握って肘を上げる。六尺棒は、右手は右腰の後方に添えるように後ろ手に持ち、左手は順手に持ち体につける。

道ズネー　公民館前の遊び庭に「ニシの平」は北側から「へーの平」は西側から入る。合流しながら「クムイ跡」を反時計回りに一周して遊び庭に到着する。そこで八重瀬嶽に向かって合掌し、金鼓隊、棒踊り、唐人行列、大和人行列、女行列の演技が行われる。その後で舞台の部に移る。

ニシぬ平　はじめに棒人衆がビロウジョー（富盛巫女祭祀のヒラウ森之殿）で、ハジリ棒を二組奉納し、次に旗頭、金鼓隊、芸能人衆の待機するアマダンジョー（三線五開鐘跡）で、二組の棒踊りを奉納してから遊び庭に向かう。

「求福」のチョーバンドゥ（枡灯籠）一番旗（旗頭）と「梅花」のウミドゥール（梅灯籠）二番（旗頭）が先頭になり、金鼓隊・棒人衆・芸能人衆・子どもたち・ウスデークの女行列と続く。

へーぬ平　棒人衆が上祝女殿内でハジリ棒を二組奉納し、次に旗頭、金鼓隊、芸能人衆の待機する八重瀬嶽北東麓にあるカミナームイ（神庭森）で、再び棒踊りを二組奉納してから遊び庭に向かう。

「振勢」のウチワドゥール（扇子灯籠）一番旗（旗頭）と流しをつけたカーミグワードゥール（甕灯籠）二番旗（旗頭）を先頭に金鼓隊・棒人衆・芸能人衆・子どもたち・女行列と続く。

棒巻　棒巻は尺棒（三尺棒）と六尺棒を持ち「へーぬ平」はウラ巻、「ニシぬ平」はグーヤー巻を別々に演じ、双方が打ち合うことはない。

三尺棒は左手を右腹につけ、右手を右肩の高さに肘をあげて持つ。六尺棒は右手を後方に添え、左手は胸の前で順手につかむ。

へーぬ平のウラ巻

○尺棒組（三尺棒）を先頭に六尺棒組が続き、一列縦隊で入場。南地点から北地点へ進行する。

○北地点に到着したら鉦鼓の乱打の合図で、二手に分れて三尺棒組は時計回り、六尺棒組は反時計回りに反転して今度は南地点へ進行する。

○南地点に着くとそのまま反転して再び北方向へ進行する。

○六尺棒組は中央に着いたら停止し待機する。尺棒組はそのまま直進してウラ巻に入る。

○尺棒組は北側に円の内側から半円を描いては戻り戻りして半円を徐々に輪を広げていく。

○尺棒がウラ巻を終えると、六尺棒組は南側に同じくウラ巻を開始する。

○尺棒がウラ巻を解き四列縦隊になると、六尺棒もウラ巻を解き、四列縦隊になってお互いに向かいあう。

○銅鑼の合図で、双方相対し「エイッ」の気合をかけて棒を前方へ打ち下ろし、「ヤッ」で棒を引き上げる。

○双方とも四列から一列縦隊になってきた方向へ進行する。北地点へ到着すると尺棒は右回りへ、六尺棒は左回りへ反転して南地点へ進行する。

○南地点へ到着すると尺棒組は北方向へ反転して進行する。六尺棒組は反転して尺棒組の後につく。

○一列縦隊になり左巻きに大円陣を二回描き退場。最後に「エイッ、ヤッ」の気合いで打ち棒を納棒する。

図1　尺小と六尺棒

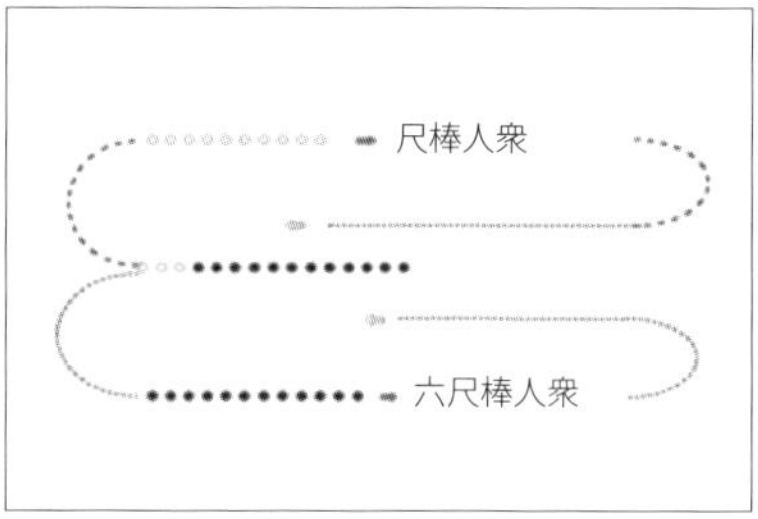

図2　ウラ巻

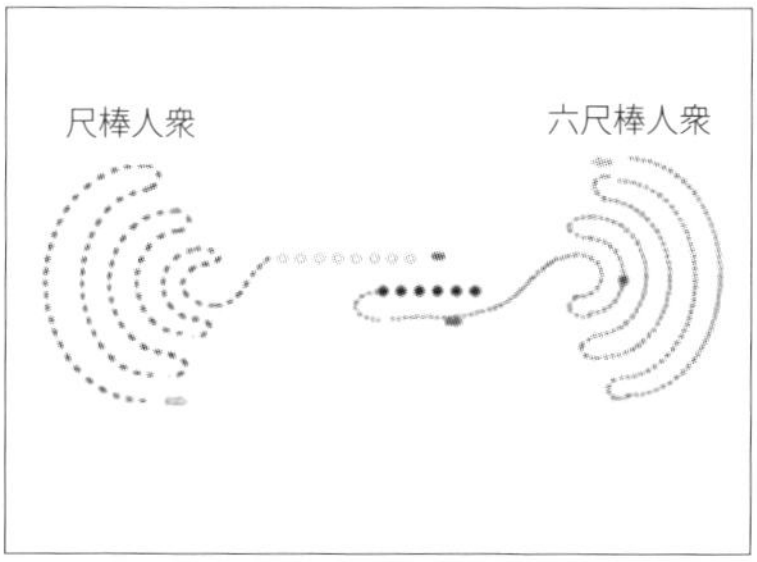

図3 ウラ巻を解く

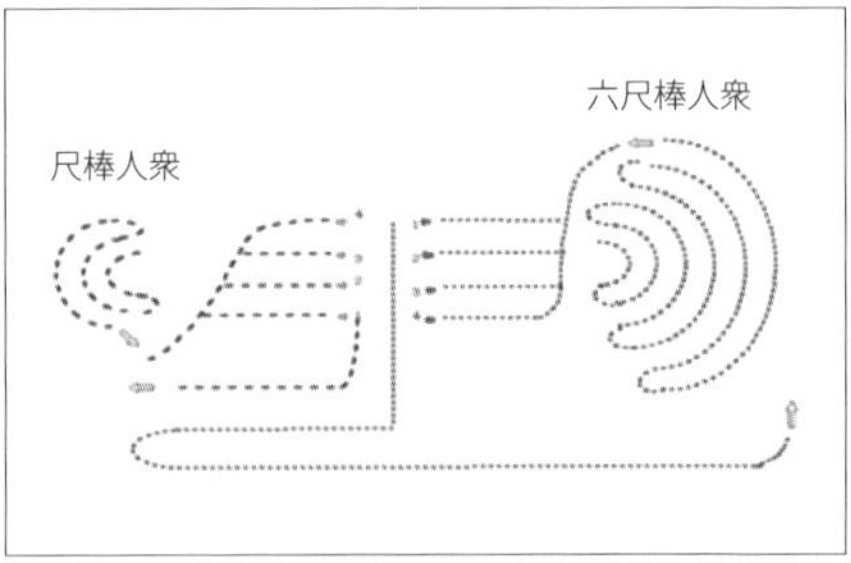

図4 退　場

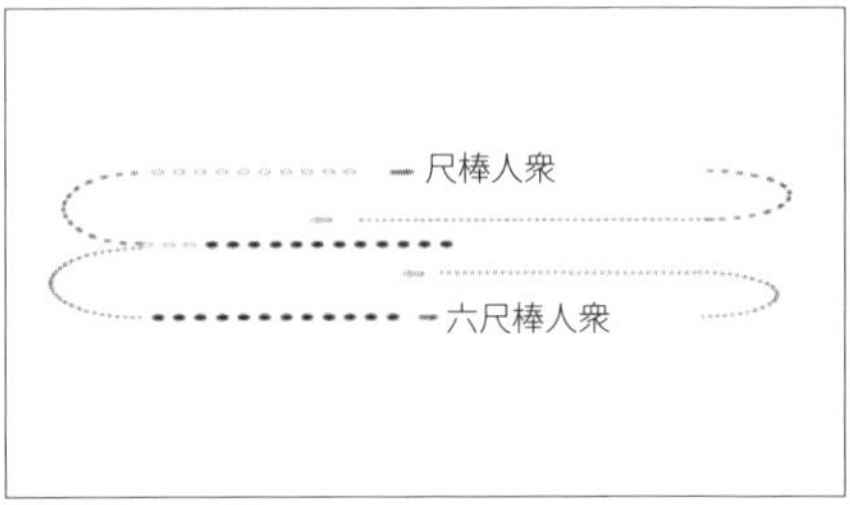

組　棒

ハジリ棒

尺棒と六尺棒との合わせ手。構成は第一段「出羽」、第二段「立羽」、第三弾「合わせ」、第四弾「入羽」の四段からなる。棒演技は「へーぬ平組」と「ニシぬ平組」と交互に演じるが、多少演じ方に違いがある。

三尺棒の構え

○「へーぬ平」は、三尺棒の下方を左手で握り右腹につけ、右手は右脇を締めて後ろに流す。

○「ニシぬ平」は、三尺棒の下方を左手で握り右腹につけ、右手は右肘を上げて脇腹を開いて持つ。

六尺棒の構え

○右手は右腰の後方で添えて持ち、左手は体前で順手に持つ。

第一段「出羽」

左足を前にして、右足を後方に大きく引いて腰を落とす。この左半身の構えから、銅鑼の合図で右足から歩き、さらに左足を大きく踏み出して再び左半身になる。この動作を繰り返しながら広場の中央まで進む。

第二段「立羽」

○六尺棒人衆は「エイッ」の気合いで右足を力強く地面に打って棒を払い、左足を後ろに引く。重心を右足に移しながら腰を落とす。

○尺棒人衆は、六尺棒人衆の気合いと同時に「ヤッ」で尺棒を振り下ろしながら右足を踏み出す。そして左に一八〇度回転しながら左足を軸に尺棒を右から左に振り払う。続けて右足を踏み出し、棒を振り下ろし右半身の構えとなる。

第三段「合わせ」

○三尺棒対六尺棒

三尺棒は六尺棒の突きに対して右足を引いて受け、払いに対しては左足を引いて受ける。上からの連続の打ち、突きには三尺棒は右足を引きながら対応する。三尺棒の攻めは、六尺棒が大きく後退する時に、右足を三歩踏み出し、右上と左上から連続して振り下ろして六尺棒を追い込んでいく。

○「へーぬ平」の六尺棒

右足を踏みこみながら突き、続いて左足を踏み込んで左下から払う。さらに右足を踏み込み、右上からの打ちと突きを連続に行い、後方に一歩飛び下がって左足を踏み込み左から払う。次に右足を踏み込んで打ち突き、そのままの姿勢でさらに一歩飛び下がり、右足を後ろに引いて棒を払い、左足を引いて構える。この一連の動作を繰り返し行う。

○「ニシぬ平」の六尺棒

右足を左足の後方に軽く引き、前方に大きく踏み込んで突き、払う。さらに左足を踏み込みながら棒を右後ろ上方に引いて、そのまま打ち下ろす。次に右足を踏み込みながら突きの連続となる。そのままの姿勢で後ろに一歩退き、再び同じ動作を繰り返す。

第四段「入羽」

第一段の「出羽」の基本型に戻り退場する。

○エイぬ手

「ニシぬ平」の組棒を中学一年生が演じる。

○牛若

「へーぬ平」の組棒を中学二年生が演じる。

○イリクマト（またはイリクミヤー）

「へーぬ平」の組棒を中学三年生が演じる。

○タチぬティー（太刀の手）

「ニシぬ平」の四尺棒の組棒を高校一年生が演じる。

○ハジリダシ打ち

三尺棒対六尺棒は「へーぬ平」のシー棒と呼ばれ、四段からなる構成。

第一段「出羽」

○尺棒と六尺棒との組棒。ハジリ棒に同じ。

第二段「立羽」

○六尺棒は「エイッ」の気合いで右足を踏み込み、棒を振り上げて尺棒に打ち下ろす。瞬間的に後ずさりし、右半身に構える。

○尺棒は「ヤッ」の気合いで両足を揃えて、棒を頭上の右横に構える。六尺棒の打ち込みを受けると右足を後ろに引き右半身構えとなる。

第三段「合わせ」

○六尺棒を前へ右足を踏み込んで突き、さらに左足を踏み込みながら左下から払う。続いて右足を踏み込みながら、右上から打って突く。そのまま後方に飛び下がりながら、右手前に手首を返して、左手は左肩に棒を担ぐ。さらに左足を前方へ踏み込んで上から打ち下ろす。次に顔を突きながら後方へ飛び下がり、右足を踏み込んで突く。納めは右足を引きながら棒をはね、左足を引きながら左手を上に、右手を下にして棒を立て、すぐりを入れて小さく突く。右足を引いて左半身に棒を構えて終わる。尺棒はハジリ棒と大体同じ。

第四段「入羽」

○尺棒と六尺棒との組棒。ハジリ棒に同じ。

ハジリミージチ（ハジリ目突）

「ニシぬ平」のシー棒（尺棒対六尺棒）。構成は「出羽」「立羽」「合わせ」「入羽」の四段からなり、「へーぬ平」のハジリダシ打ちと「ニシぬ平」のハジリと似ているが多少の相違点がある。

第一段「出羽」

○六尺棒はハジリ棒に同じ。

第二段「立羽」

○尺棒を「ヤッ」の気合いで打ち下ろし、右足を大きく踏み出し膝を曲げ、重心をかけて腰を落とす。そのまま重心を左足に移していきながら膝を曲げる。尺棒を股間に立てて左手を地面近く持っていき、前方に払って左半身に立つ。そして右足を踏み込んで尺棒を構える。

第三段「合わせ」

○六尺棒を打ち下ろした後に、左足を踏み出すと同時にミージチ（目突き）に入る。一歩飛び下がって前打ちと右足を踏み出し突きに入る。後方へ飛び下がりながら右手を前にして、左手は左肩に六尺棒を担ぐ。足運びはハジリ棒と同じ。

第四段「入羽」

ハジリ棒と同じ。

○チキンディ（津堅手）

「ニシぬ平」の青年が演じるクンぬ手（棍の手）

○四方切り

「へーぬ平」の青年が演じるクンぬ手（棍の手）

消滅した棒踊り

○へーぬ平

一方切り、六方切り、サイと二人棒、佐久川の棍

○ニシぬ平

トゥン棒、佐久川の棍、ティンベー、槍の手、サイと槍

○グーヤー巻（スーマチ）

■参考文献

『棒踊書付メモ』冨盛公民館
知念善栄編『東風平村史』東風平村役所

(1)　東風平巻棒

起源はわからない。毎年旧八月十五日夜の豊年祈願祭で棒を小学生から壮年までの男子が披露する。衣裳は、空手着にウッチャキをつけ青のタスキを前十字に結び、白黒の縦縞の脚絆を巻き裸足。頭は白鉢巻きを締める。

入　場

棒の種類

東平の棒（アガリビラの棒）

マチガラシ棒、ワタジリ棒、尺棒、ピンアン棒（平安棒）、クミダ棒、トンボー棒、津堅手、棍ぬ手、牛若棒、三人棒、忍び棒。

西平の棒（イリビラの棒）

マチガラシ棒、尺棒、エークヌティ（櫂の手）、棍の手、ピンアン棒（平安棒）、ティンベー、山内棒、クーサンクー。

(2) 東風平小城棒

小城区、当銘区が共有する龕《がん》は一八三三年に作られ、年忌祭を一年忌、三年忌、七年忌、十三年忌、二十五年忌、三十三年忌の節目に供養を行う。

今回の一六〇年祭（一九九三年）は、旧暦八月十日に小城区、当銘区の境界近くの龕屋で行われた。供養の後は、両区民が旗頭をぶつけ合い、それぞれの村まで旗頭、棒踊り、臼太鼓を披露しながら道ズネーを行い、最後は棒マチで締めた。

(3) 具志頭安里棒

安里の拝所「孝神堂」近くに殿武林（ディンブリン）という武神を祭っている拝所があり、毎年旧暦八月十五日の夜になると棒術の奉納が行われる。殿武林は、北山按司の重臣である平敷屋大主の次男虎千代が神から武技を習った地とされる。

頭は紫のマンサージ（長い布）をかぶり、上下とも白で紫のタスキを前に十文字がけをし、紫の帯を結び、白黒の縦縞の脚絆を巻く。

棒の種類

尺小（三尺棒）、尺フアジリ、ミーヌチャー（目ぬ貫）、ミーヌチャーフアジリ、トゥン棒、二人六尺棒、津堅ぬ手、津堅手ぬ棍、新六人尺棒、一人棒、三人棒。

21　金武町並里棒スケー
チクラマチ

由来　並里区では毎年、旧暦の八月十五日に五穀豊穣を感謝し祈願祭「十五夜村あしび」を行う。

戦後に消えた区の伝統芸能を掘り起こし、昔ながらの祭りに近づけようと、一時中断していた伝統芸能「棒スケー」を一九九二年に復活させ、青年会を中心に継承している。

「棒スケー」は一九一五年（大正四）頃、名護市幸喜の仲村渠氏から与那城忠三、仲田久三、与那城平雄等に伝授したのが始まりとされている。

巻き方

チクラマチ

ドラ、太鼓、法螺貝のリズムに合わせて、東組と西組に分かれ、東組と西組はさらにA組とB組で編成され、共に二列縦隊で整列する。

○東組と西組が四列縦隊になり小走りで、西から入場して東地点へ進行する。

○東地点に到着すると東組は左へ、西組は右へ分かれて進行する。

○A地点で直角に向きを変えて東組、西組は共に西方向へ進行する。

○西地点に到着すると東組は左へ、西組は右に直角に向きを変えて、東組と西組が向き合い進行する。

○再び東組と西組が合流して、四列縦隊で東方向へ進行する。

○中央に到着すると東組は左へ、西組は右に分かれて進行する。

○B地点で東組のA組は東へ、B組は西へ、西組のA組は東へ、B組は西へ進行する。

○東組のA組は、東地点に到着すると右に直角に向きを変えて進行、西組のA組は左に直角に向きを変え進行し、互いに向かいあう。東組のB組は西地点に到着すると左に直角に向きを変えて進行、西組のB組は右へ直角に向きを変え進行し、互いに向かい合う。

○東組のA組と西組のA組が合流して、二列縦隊で中央へ進行する。東組のB組と西組のB組が合流して二列縦隊で中央へ進行する。

○中央においてA組とB組は左右に分かれて行き、さらに直角にA組は東へ進行し、B組は西へ進行する。

○A組は東地点で時計回りに渦を巻き、B組は西地点で時計回りに渦を巻いていく。

○二つの小巻を描く。

○渦をしっかり巻いたら反時計回りに渦を解く。

○渦を解いたら東組、西組のA組と東組、西組のB組が合流して四列縦隊で退場する。

組　棒

二人棒（タイボー）

三人棒（ミッチャイボー）

■参考文献

並里区史編纂委員会『並里区史』並里区事務所

並里棒スケー図

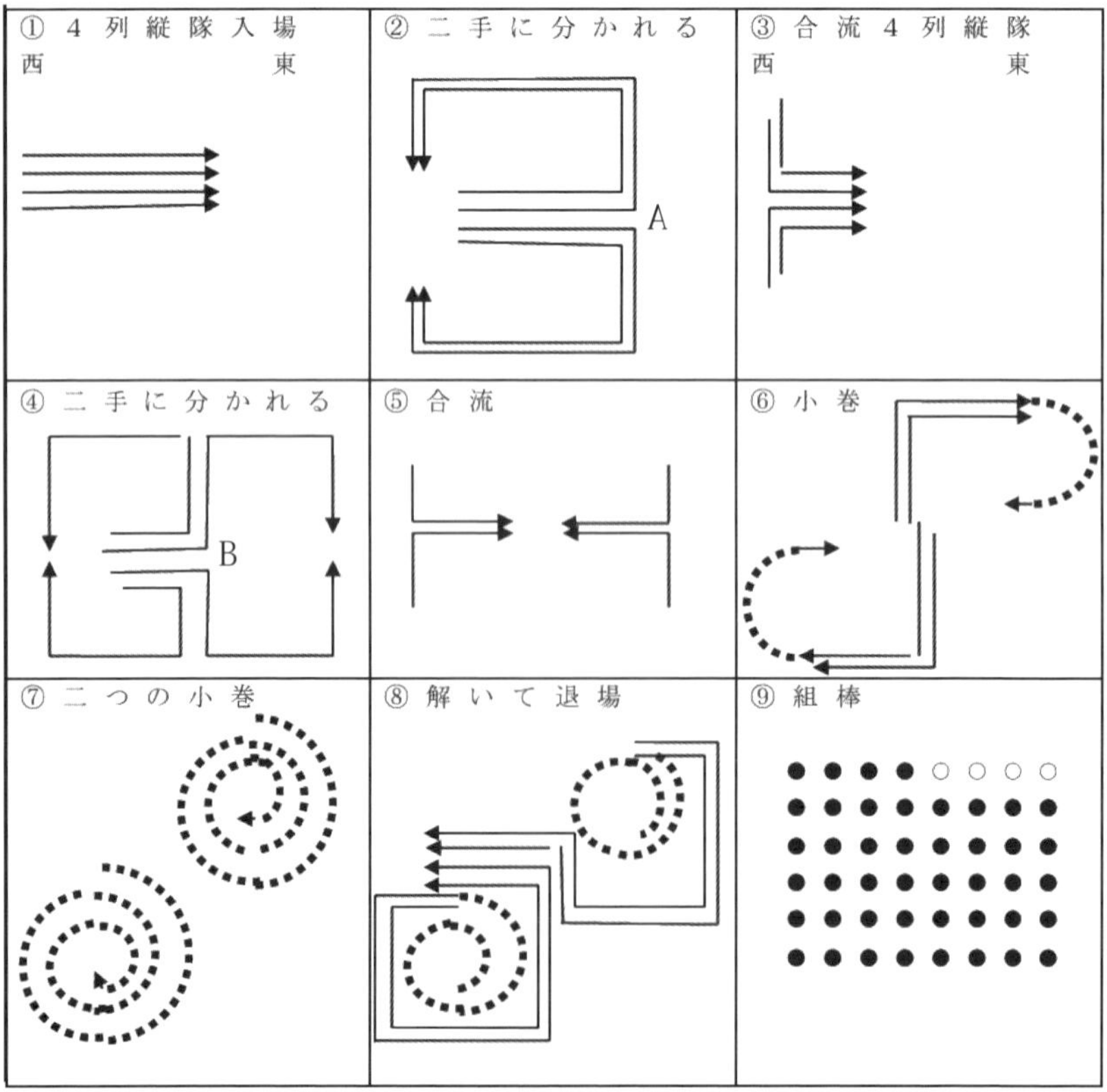

22　宜野座村宜野座総巻
潮　巻

由来　村々の祭りで演じられている棒は護身術としての棒術と神に奉納する芸能としての棒踊りがある。神が村の道や踊りの場に出現する際に棒を振りまわし、魔物を追い出して座を鎮める意味がある。

宜野座地域では「一三歳から六〇歳」の男衆が村遊びの日に六尺棒を持って、遊び庭で組棒と潮巻を演じる。

衣装　棒人衆は頭に白鉢巻、白のシャツと白ズボンにタスキを結び、白黒の縦縞の脚絆を巻く。六尺棒を右手は右肩、左手は左腰にそえて斜め前に持ち、小走りに渦を巻いていく。

道ズネー　村遊びの当日は祝女殿内から獅子、弥勒、踊り人衆、棒人衆が勢ぞろいして銅鑼、締太鼓、法螺貝、鉦、ピーラルラー（路次楽）に合わせて道ズネーをはじめる。最初に平松毛の拝所に到着すると、潮巻と三尺棒、六尺棒による組棒奉納を行う。その後、道ズネーは遊び庭へと向かい、バンク（舞台）を設置している広場に到着し、潮巻を演じる。

遊び庭

①バンク（舞台）の下手から棒人衆が一列縦隊で入場して、反時計回りに大巻を巻く。しっかり巻いたら、反転し時計回りに解いていき上手に退場する。

②引き続き棒人衆は上手から一列縦隊で入場して、今度は時計回りに大巻を巻く。しっかり巻いたら、反転し反時計回りに解いて下手へ退場する。

③下手で「チクラゲーイ」と称する円陣を組んで、再び一列縦隊で入場する。進行しながら三組に分かれ三つの小巻を巻く。

④三つの小巻を巻いたら渦を解きながら小巻は合流して一列縦隊になり、上手へ退場して組棒に移る。

組棒　小学生による六尺二人棒を一五組、中学生による六尺二人棒と三尺棒対ヤリなどの一一組を演じる。その後、棒人衆と「スーリ東」の踊り手は、平松毛の祠に向かって合掌し舞台の部に移る。

■参考文献

宜野座村誌編集委員会『宜野座村誌』宜野座村役場

宜野座総巻図

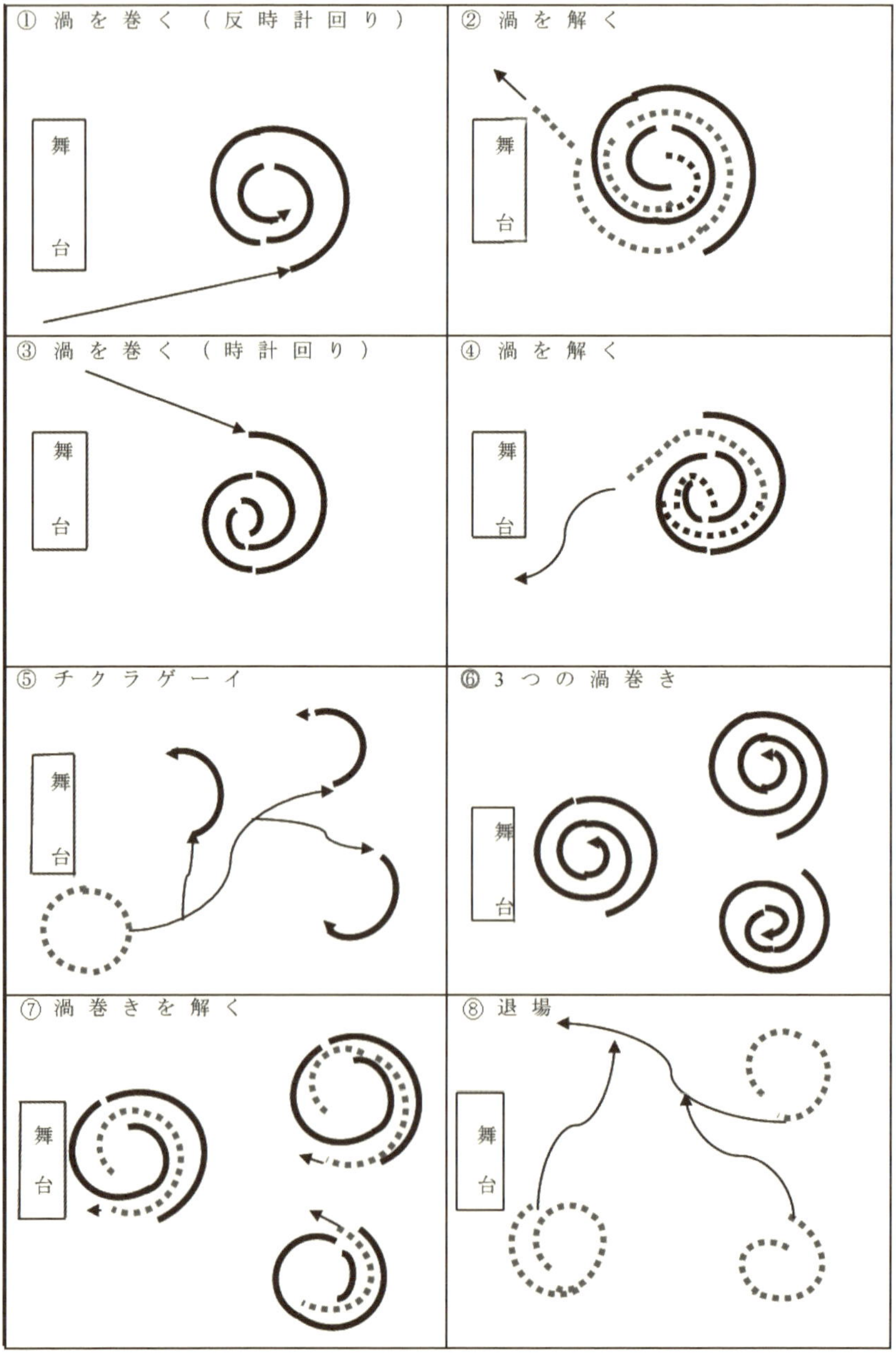
① 渦を巻く（反時計回り）
舞台
② 渦を解く
舞台
③ 渦を巻く（時計回り）
舞台
④ 渦を解く
舞台
⑤ チクラゲーイ
舞台
⑥ 3つの渦巻き
舞台
⑦ 渦巻きを解く
舞台
⑧ 退場
舞台

23　名護市久志スウマキ棒
チクラマチ

由来　久志のスウマキ棒は、いつの時代から行われたかは定かではない。一時中断したが、昭和五十年に復活し、毎年旧七月十六日にユーニゲー（世願い）の豊年踊りで行われる。

最初にヌンドゥンチ（ノロ殿内）でスウマキ棒と棒術で世願い（豊年祈願）を行い、士気を高めてから豊年祭り会場へ向う。ガク（路次楽）と太鼓の合図で、棒人衆の最後尾のヤグイ役（掛け声）の「ヒャウイ」の発声に「ヤイ」と答え、再びガクと太鼓が鳴り響きスウマキを開始する。その後にミッチャイボー（三人棒）の二人三尺棒対六尺棒を演じた後に舞台演目に移る。衣装は、白ワイシャツと白ズボンで腰に角帯を結び、白黒縦縞の脚絆を巻く。槍と長刀持ちは緑の鉢巻を締める。

チクラマチは、総勢五〇人近くが長刀持ちと槍持ちを先頭に一列縦隊で入場し、奇数組は左に偶数組は右に進行しながら二つの円陣を描く。次に奇数組と偶数組が交互に入り、一列縦隊で入場し大巻を巻いていく。しっかり巻いたら円心より解きに入り、一列縦隊で出て行き最後は組棒を演じる。

この演技は敵を円内に巻き込む戦法で、チクラ（ボラの魚群）が遊泳する様子を描き、俗にチクラ巻と呼んでいる。

チ　ク　ラ　マ　チ

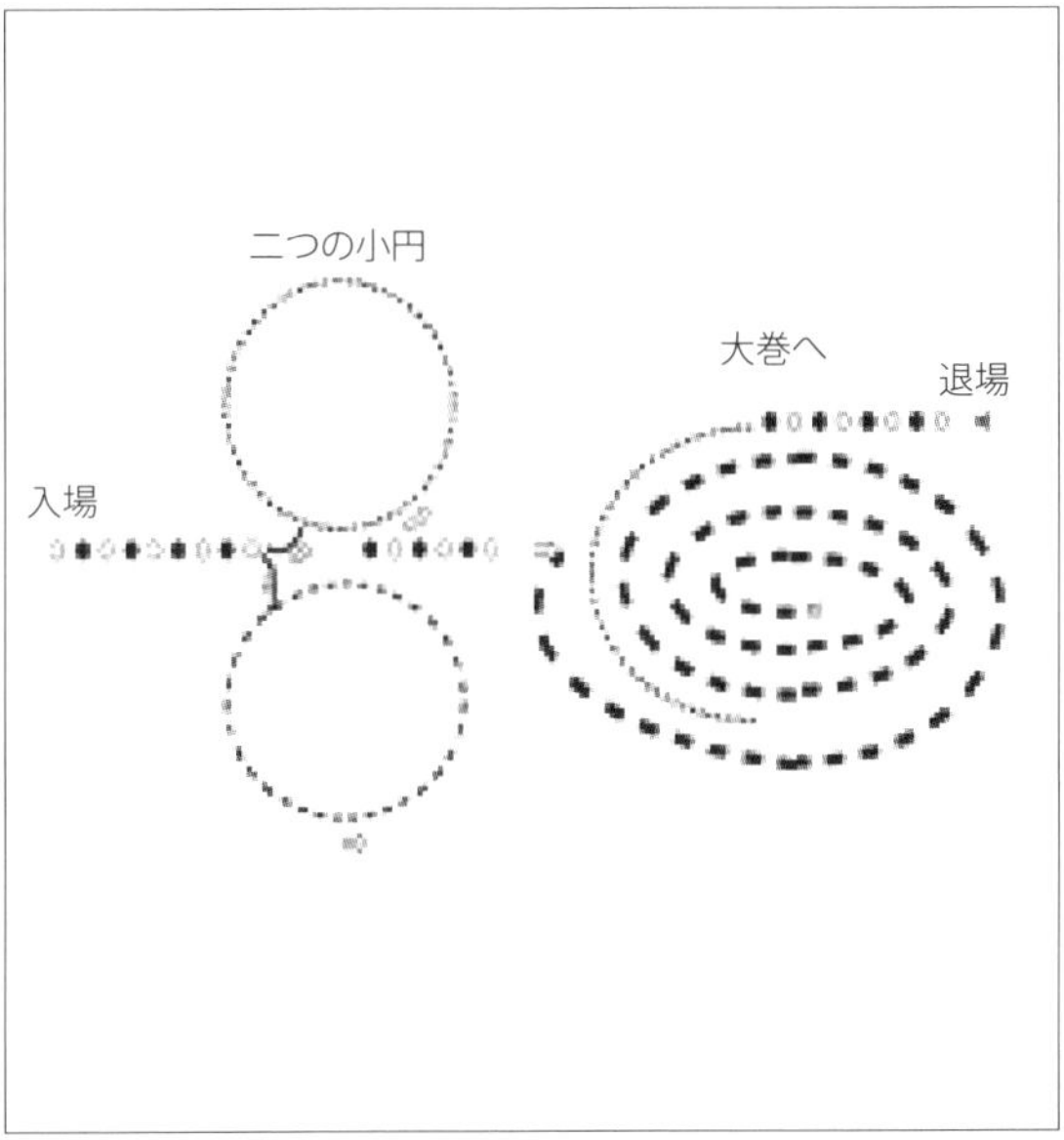

24 名護市数久田スーマキ チングー巻

数久田棒は、村踊りの三日間、舞台の部の演目始めと終わりに三〇分程度演じる。

衣装は上下とも、白に黒地の縁取りの羽織に赤や紫のタスキを掛け、帯は赤や紫の長布を締める。頭は紫の長布か白鉢巻を締め、足は脚絆に地下足袋である。また、楽器は大太鼓、銅鑼鉦、路次楽によって行われる。

五穀豊穣を祈願するスーマキはチングー巻（機織り）と称される。一列縦隊で入場していき、中央部でナカジンワリ（中陣割り）という二手に分かれて二つの渦を巻いていく。スーマキを終えると組棒の演武に入る。

組棒

二人棒、マヤー（猫）棒、六尺の裏（向こう構え）、ミーボー（新棒）、読谷山小、槍対尺小、ハラボー（空棒）、ヤイぬウットゥ（槍の弟）、トゥヌギャー（飛び棒）、大読谷山、ヤイボー、（槍棒）。

二人棒

旗頭

(1) 仲尾次棒

仲尾次では、豊年踊りの始めと終わりに棒術を披露する。大正時代の棒の種類は三つしかなく、昭和三十年代には、本部や今帰仁村から棒を習い、また松田鉄次の指導した棒などを元に創作された一三種類の棒の型がある。

棒の稽古は戦前から松田家の庭で行われたので、棒の最後の締めは松田家の庭で行われる習わしである。

楽器は太鼓、銅鑼、歌三線で「ティーサンクー（クーサンクー?・）」を演じる。

組　棒

三尺棒対六尺棒、六尺棒対六尺棒、サイ対ヤリ

（『仲尾次誌』）

(2) 羽地ムカデ巻・三方巻

村芝居の時に若者数十人がドジン袴といって、白襦袢に白袴を着け、頭は白鉢巻を締める。六尺棒を持った二組の棒人衆が広場まで行進を行う。最初に組棒をやり、その後で旗を掲げて一斉に渦を巻いていく。この総巻には「ムカデ巻」「三方巻」等があった。

（『羽地村誌』）

(3) 喜瀬棒

道ジュネーの後、ヌンドゥンチ（ノロ殿内）の前で旗頭を立てる時と下ろす時に、周囲の「サーサー……」の声援に合わせて、六尺棒による演武を行う。

衣装は上下とも白に赤タスキを掛け、腰に紫の長布を結ぶ。頭は紫の長布を締め、脚絆は白黒である。

(4) 辺野古チクラ巻・グーヤー巻

村芝居の前に、大太鼓、銅鑼、法螺貝、ピーラルラー（路次楽）の音に合わせて「スー巻棒」のチクラ巻とグーヤー巻の大巻を行い、その後に組棒を行う。

一番　オーギメー（扇舞）棒
二番　ミーヌチャ（目貫く）棒
三番　アブゲー棒
四番　三尺棒対六尺棒によるサンジャク（三尺棒）
五番　長刀対六尺棒によるナギナタ

衣装　衣装は上下とも白にタスキを掛け、頭は紫の長布を締め、脚絆は白黒の縦縞である。

(5) 呉我のムカデ巻

棒の由来は定かではないが、大正三年頃から伝わったものと言われている。戦後は稲田小学校教頭の仲井間憲孝（劉衛流四代目）から指導を受けた。棒を行うのは村踊り正日だけで、道ジュネーがお宮前に到着すると二人棒、三人棒が演じられる。その後に舞台の部の演目に移る。

組　棒

○前三尺棒は三尺棒対六尺棒を演じる。

○中三尺棒は三尺棒対六尺棒を演じる。

○ハマンタ（釜蓋）と称して、槍一人とハマンタを左手に持った短棒二人が演じる。

○サイと称して、両手にサイを持った者と六尺棒持った者が演じる。

楽　器

太鼓一人と銅鑼鉦一人のみである。

衣　装

頭は紫長布マンサージ、空手着を着てタスキを掛け、足には脚絆を巻く。

■参考文献

呉我誌編集委員会『呉我誌』渡久地政夫

名護市史編さん委員会編『名護市史　本編8』名護市役所

(6) 幸喜棒

棒踊りは、大正時代には村芝居とともに行われた。衣装は、白襦袢に白袴、白鉢巻を締める。六尺棒を持ち二列縦隊で銅鑼に和して進行し総巻を行う。最後は各一組ごとに棒を演じた。

（『幸喜誌』）

(7) 川田棒

毎年旧八月十五日に五穀豊穣を願って豊年祭を行い、メーヌギ棒（目の貫き棒）カマヒー棒を奉納する。頭はタオルをかぶり、服装は上下とも白にタスキを結び、足に脚半を巻く。

25　名護市田井等スーマチ三向巻

由来　明治になって本部町、今帰仁村から棒技が入ってきたとされる。棒好きのミズイの伝助が、本部町の武道家上地某（上地完文？）を招き、ウフクン（大棍）とクン（棍）を学ぶ。

戦後は、仲井間憲孝（劉衛流四代目）から上間伝三、島袋久栄、東江重信等が棒の指導を受け、後にスーマチの三向巻の陣形を創作する。また、イズミヤーがシー棒を導入し、その型を応用して多くの組棒が創作されたが、現在では初心者がやるメー棒とシー棒のみである。かつては「ムカージマキ（百足）」もあった。

三向巻　棒組は、甲組、乙組、丙組の三組からなり、互いに一列縦隊で整列する。

○入場は甲組・乙組・丙組の順に一列縦隊で「ヒョーイ」の掛け声を二回やり、東から西に向かって進行する。

○西地点に着くと、甲組と乙組は左側へ、丙組は右へ反転し三列縦隊で、東の方向に進行する。

○東の地点に着くと、甲組は右側、丙組は左側へ反転する。乙組は右側へ反転し、甲組と丙組の間に入って、三列縦隊で西方向へ進行する。中央で「ヒョーイ」の二回の掛け声で棒の頭打ちをやる。終わったら再び西へ進行する。

○西地点に到着すると、丙組と乙組は左側へ、甲組は右側へ反転して丙組と乙組の間に入っていき、三列縦隊になり東側に進行する。

○東地点に着いたら、再び丙組は左側、乙組は右側へ反転する。甲組は左側へ大きく反転し、丙組の左側に進み三列縦隊になる。

○三列縦隊で西方向へ進行。「ヒョーイ」の合図で、甲乙丙の三組は中央で左巻きに三つの円陣を描く。

○三つの円陣を解き三組が合流して一つの円陣を描く。

○「ヒョーイ」の掛け声で円陣を解く。甲乙丙の順で一列縦隊になり、西へ進行して三重円を描く。

○三重円を解く。甲組と丙組は右側へ反転。乙組は左へ反転し両組の間に入っていく。三列縦隊になり西方向へ進行する。

田井等の三向巻

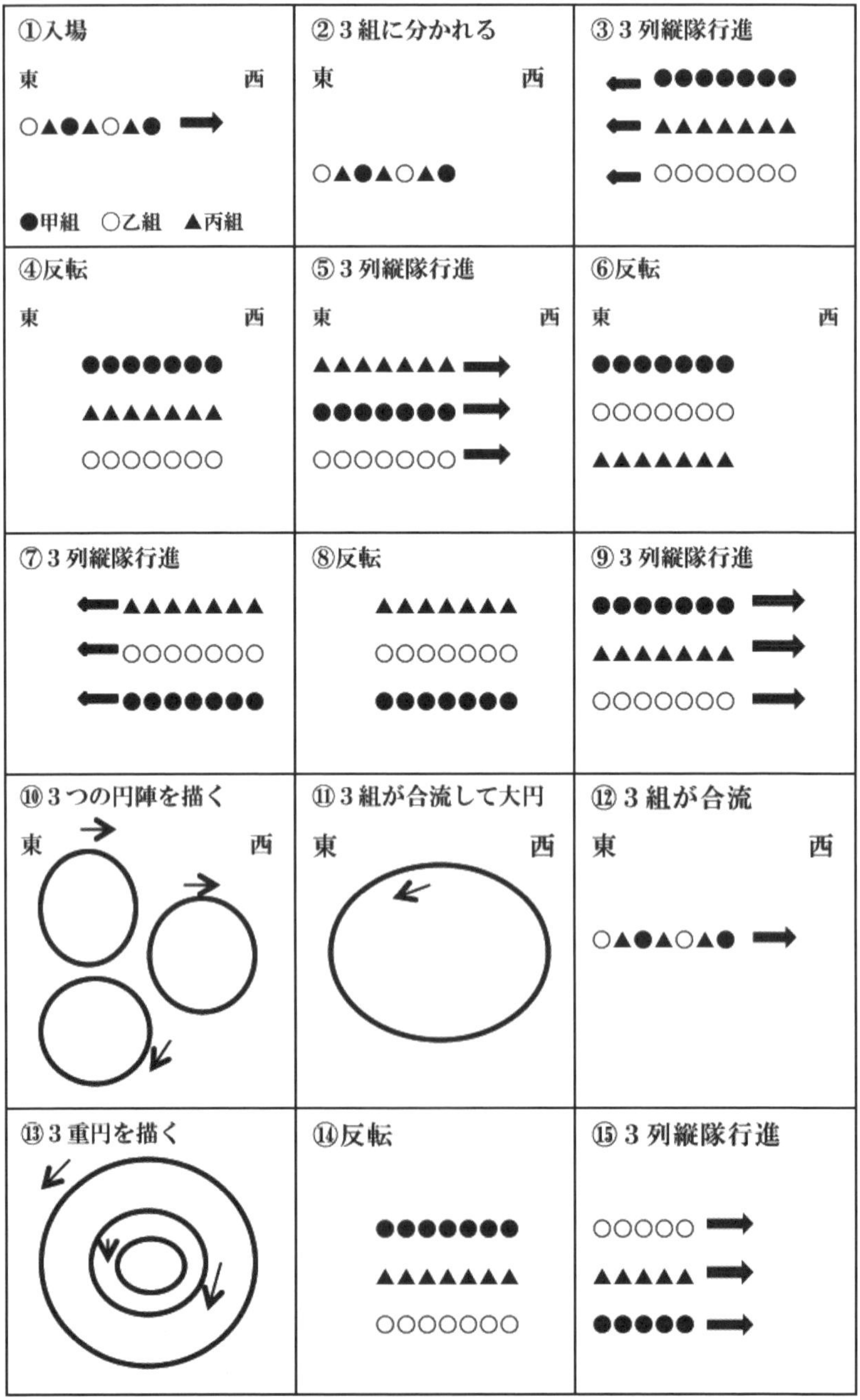
①入場
東
西
●甲組　○乙組　▲丙組
②３組に分かれる
東
西
③３列縦隊行進
④反転
東
西
⑤３列縦隊行進
東
西
⑥反転
東
西
⑦３列縦隊行進
⑧反転
⑨３列縦隊行進
⑩３つの円陣を描く
東
西
⑪３組が合流して大円
東
西
⑫３組が合流
東
西
⑬３重円を描く
⑭反転
⑮３列縦隊行進

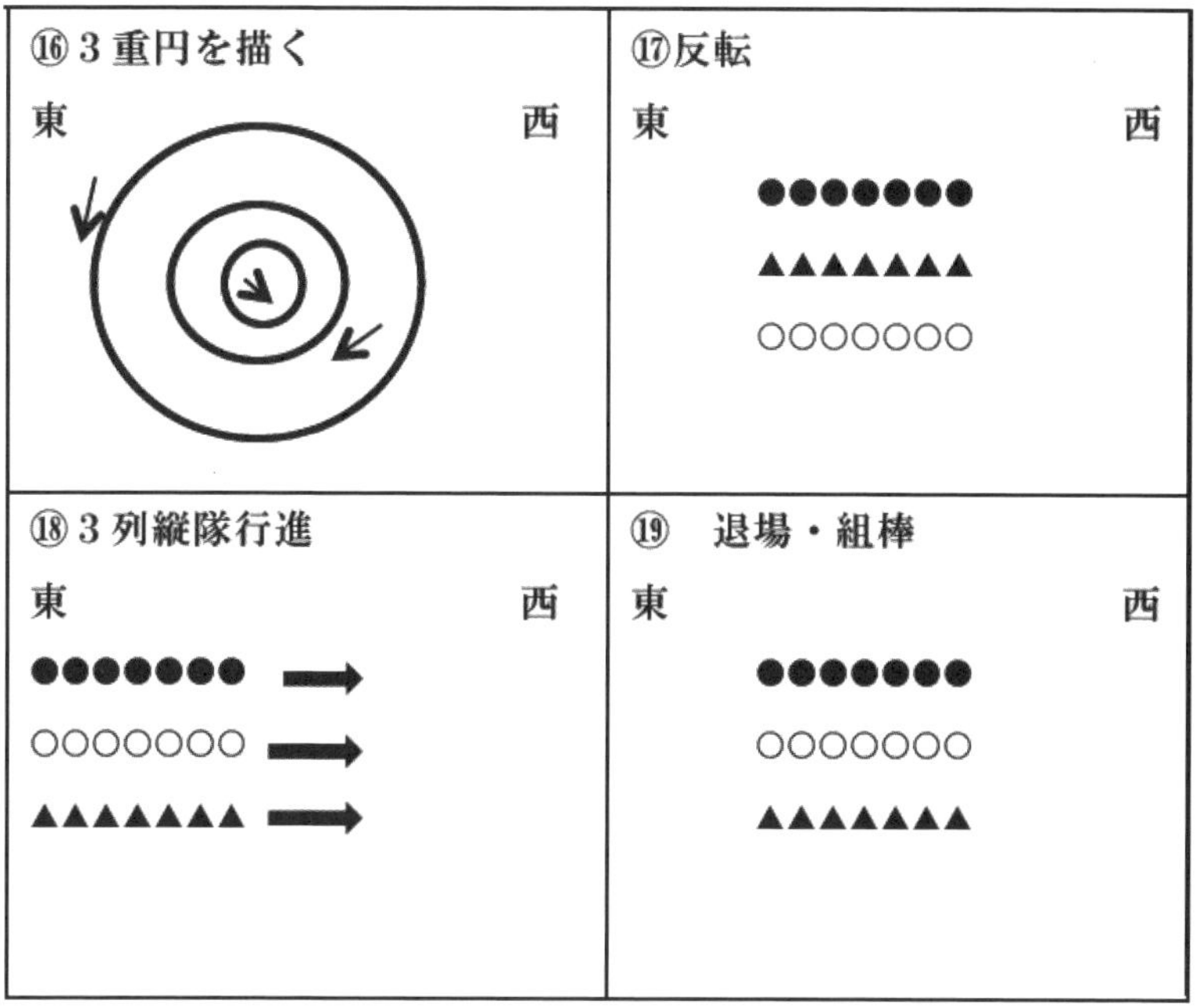

○西側で再び、三重円を描く。

○「ヒョーイ」の二回の掛け声で三重円を解く。甲組は左側、丙組は右側へ反転する。乙組は左へ反転し、甲組と丙組の間に入っていく。

○三列縦隊になって西方向へ「ヒョーイ」と一回掛け声をかけ退場する。

※三向巻の特徴は、三組（チーム）による唯一のスーマチの巻き方である。

■参考文献

名護市史編纂委員会『名護市史　本編8』名護市役所

26　名護市我部祖河のスーマキ棒

我部祖河の棒がどのように伝わったかは定かではない。棒は明治の頃から行われていたが、過疎化により一時中断や復活を繰り返し、平成十五年に再び復活し、現在に至っている。棒の特徴は「スーマキ棒」と「三人棒」にある。

巻き方　棒人衆は、赤組（奇数組）と白組（偶数組）の二組に分れ、入場の前に「ヒョーイ」の掛け声を三回発し、交互に一列縦隊で整列する。

(1)　円陣を描く

○整列後、再び「ヒョーイ」の掛け声を三回発し入場する。

○東から西へ進行し中央で一つの円陣を右回りに描く。円陣を描いたら、先頭は円陣の中心に向かう。

○西の地点に着いたら赤組は右へ、白組は左へ迂回し、二組に分かれて東方向へ進行する。

○赤組と白組が交互に交差し進行する。

(2)　大巻を描く

○赤組は左回りで内側に渦を描いていく。白組は右回りで赤組の円陣を囲むように巻いていく。

(3)　赤組は大巻を解く

○赤組は円心に着いたら「ヒョーイ」の掛け声を三回発声して右回りに渦を解き、白組は円心に向かって右回りに巻いていく。

○今度は白組が左回りに内側に渦を巻き、奇数組が右側の外側に渦を巻いていく。

(4)　白組は大巻を解く

○白組は円心に着いたら「ヒョーイ」の掛け声を三回発声し、左回りに渦を解く。

○赤組は右回りで回り、白組の渦巻きが解けるまで並んで進む。

(5)　円陣を描く

○赤組、白組と交互に入り合流して一列縦隊になり、一つの円陣を描く。

○円陣を描いたら「ヒョーイ」の掛け声を三回発声して西の方向へ三列に分かれていく。

○三列縦隊になったら「ヒョーイ」の合図で西方向に進み、西地点に着いたら、赤組は右へ、白組は左へ迂回

我部祖河総巻図

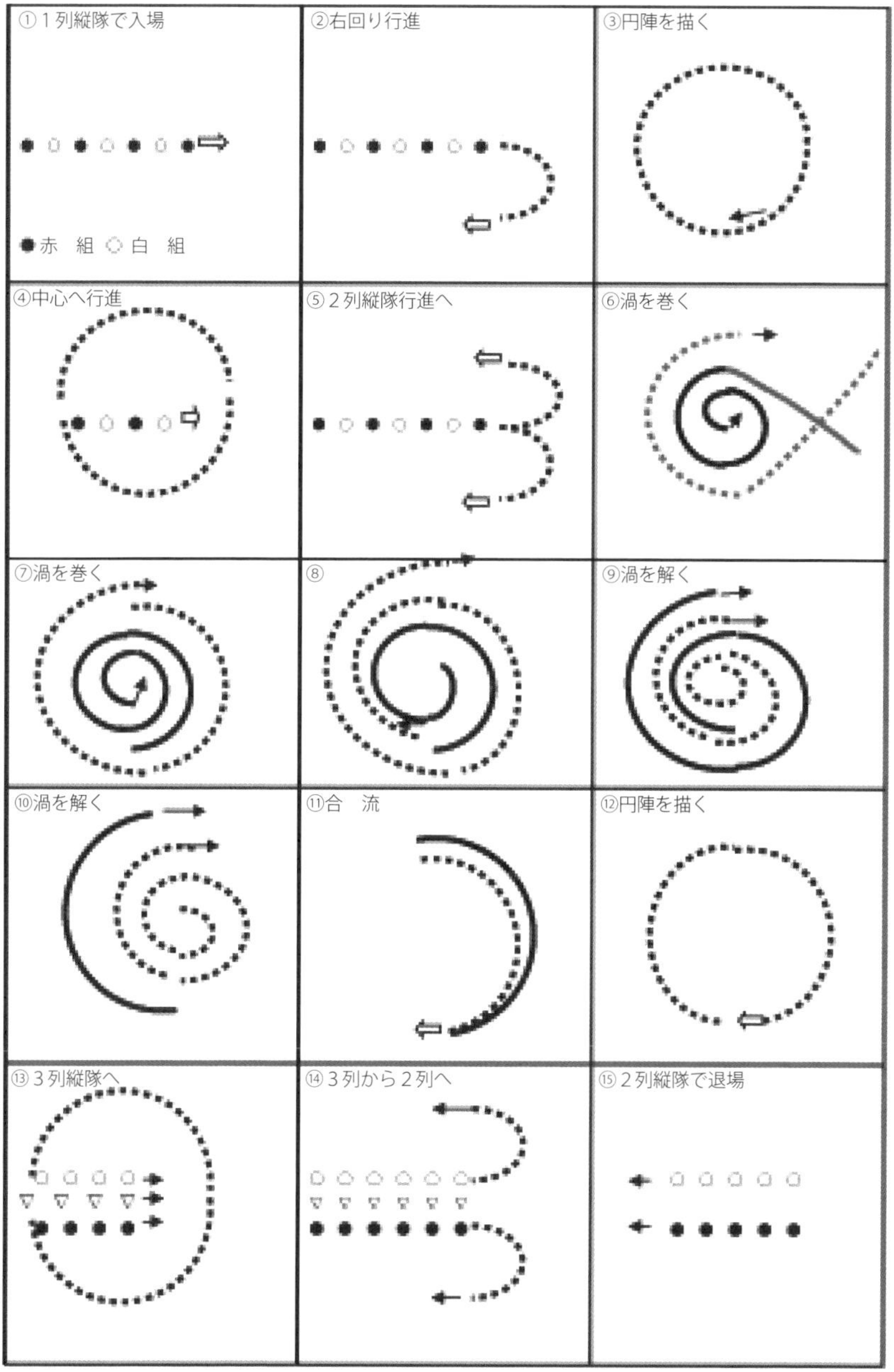
①１列縦隊で入場
●赤　組 ○白　組
②右回り行進
③円陣を描く
④中心へ行進
⑤２列縦隊行進へ
⑥渦を巻く
⑦渦を巻く
⑧
⑨渦を解く
⑩渦を解く
⑪合　流
⑫円陣を描く
⑬３列縦隊へ
⑭３列から２列へ
⑮２列縦隊で退場

する。その時、中列の奇数は赤組へ偶数は白組へ合流して、二列縦隊で東方向へ進行していく。赤組と白組が互いに棒を上段で合わせながら退場する。

組　棒

一番棒、二番棒、三尺棒、シー棒など一〇組を演じる。

27　本部町伊豆味巻棒

由来　伊豆味には首里や泊からの在住者が多く、彼らの指導で巻棒が伝承されたと言われている。また上地流開祖の上地完文の生誕の地でもある。巻棒は「豆あじ」のご神体が奉納されている伊豆味神社において、旧暦八月十五日の豊年祭で五年ごとに行われる。

棒人衆と衣装　棒人衆組は、赤鉢巻組と白鉢巻組の二組に分かれ。白の上着に紅白の荒縄をたすきにして紫の帯を締め、白ズボンに白黒の縦縞の脚絆を巻く。

棒の持ち方　六尺棒を右斜めにして持つ。

スーマチ旗持ち（二人）　赤組頭は紫のマンサージをかぶり、赤鉢巻を締めて三角旗をつけた槍を持つ。青組頭は紫のマンサージをかぶり、白鉢巻を締めて三角旗を着けた薙刀を持つ。

楽隊　銅鑼と法螺貝による。

巻き方　薙刀持ちと槍持ちを先頭に渦を巻いていく。最初は広い輪をつくり、その時に「ヒャーイ・ヤイ」のヤグイ（気合）を入れてから渦を巻いていく。

巻き終わると六尺棒を上へ突き上げ渦の解きに入る。渦の外に出たら二列縦隊から四列縦隊となり、四列縦隊から六列縦隊になったりして何回も隊列を組んだり、解いたりして行く。その間の約二〇分間はほとんど駆け足である。

棒の種類　組棒は、多いときは六〇組ほどあったが、現在はわずかしか残っていない。三人棒、按司《あじ》棒、タンカー棒、六尺棒、三尺棒、サイを使用する。

■参考文献
兼次佐一『伊豆味誌』琉球史料研究会

伊豆味神社へ入場

大巻を描く

円陣へ

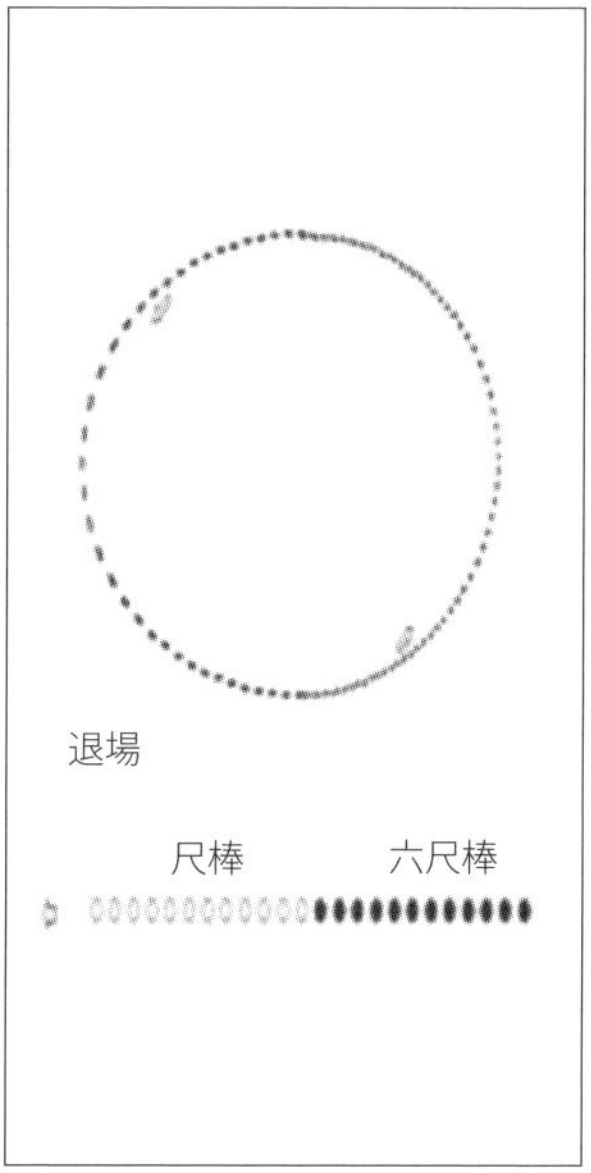

按司棒

28　本部町瀬底スーマチ
チクラ巻

由来　瀬底島は、本部半島西方沖の東シナ海に位置した周囲約八キロの小島である。瀬底のスーマチは、マーヌクウスメー（仲宗根）が那覇の泊から習い、大正五年の村踊りで行われたのが始まりとされる。

道ジュネー　旗頭を先頭に獅子舞、槍持ちの後に二列縦隊の棒人衆が続き、踊り組の「長者の大主」と二人の弥勒、按司《あじ》や大主、約三〇人の踊り組がそれぞれの衣装で村の中通りを練り歩く。途中で踊りを披露しながらウチマン毛の広場でスーマチ行う。

棒人衆の衣装　棒人衆組は、赤と白の鉢巻組の二組に分かれる。白の上着に荒縄のたすきを結び、下は黒ズボンに白黒の脚絆を巻き地下足袋をはく。六尺棒の持ち方は右手だけで持ち、右肩に添えて縦一文字に持つ。

巻き方　長刀持ちと槍持ちの旗頭を先頭に渦を巻いていく。最初は大きな輪（円陣）をつくり、その後、円心に向かって左巻きに渦を描く。旗頭が円心に着き、しっかり巻き終わったら「ヒャーイ・ヤイ」のヤグイ（気合い）を入れ、六尺棒を突き上げながら渦を解いていく。

渦の外に出たら一列から二列になり、二列から四列になりながら、何回も隊列を組んだり解いたりする。その間はほとんど駆け足である。その様は、小魚のチクラグヮー（ボラ）が群れをなして、渦を巻いたり離れたりするのによく似ていることから「チクラ巻」と呼ばれている。スーマキを終えると、バンク（舞台）のあるアサギの広場で村踊りを行う。

入　場

円陣へ

大巻を描く

大巻を解く

29 今帰仁村今泊スーマチ ムカジマチ

　今泊は今帰仁城の城下町で、集落の中央には長さ東西に二五〇メートル、幅一二メートルの昔ながらの馬場がある。地元ではこれをプウミチ（大きな道）と呼び、五年マール（四年ごと）の豊年祭の舞台会場になる。

　そこでは、道ズネー、スーマチ、獅子舞、棒演武が繰り広げられる。今泊のスーマチは、この馬場の地形に合わせてムカジマチ（百足巻）になっている。

入場　西馬場から銅鑼の合図で西から東へ入場する。三角旗のムカジ旗を先頭に、刀持ち組頭、槍持ち組頭が続き、その後に棒人衆が続く。ほぼ中央にはスリワチ、ジャー棒二人、スリワチ二人を配置する。その後ろに棒人衆が続き、一列縦隊になって馬場の西側から入場する。

○入場するとムカジ旗と踊り組の旗をバンク（舞台）手前の南側に固定する。

○棒人衆がバンク前に到着すると、各組が組棒を演じ、全体の半数が組棒を終えるとスーマチを開始する。

○スーマチは駆け足で東に向かって進み、東地点で二手に分かれる。

○西側に到達すると、再び合流して西から東へ一列縦隊になり中央まで進む。

※すべての所作は銅鑼の合図で行われ、掛け声勇ましく進行する。

ブリ棒

○ジャー棒がバンク前に到着すると、銅鑼の合図で全員東側を向き、次の合図で一斉にバンク（舞台）に向いてブリ棒を演じる。

○ブリ棒が終わると、銅鑼の合図で一斉に一列縦隊で東側を向き再びジャー棒を演じる。その後で、残りの後半の棒人衆が組棒を演じてスーマチを終了する。

組　棒

○組棒が終わると、獅子舞や路次楽などを次々に繰り広げ、今年の五穀豊穣を祝う。

○組棒は昭和五十八年の豊年祭では四〇組あったが、現在では若者が減少し数組しか残っていない。

入　場

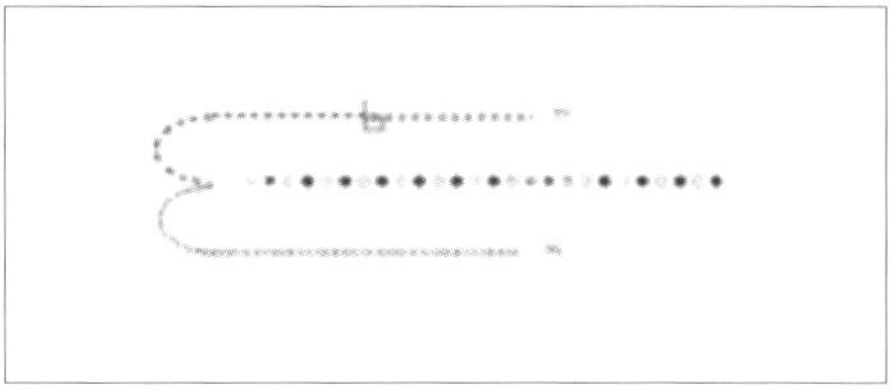

合流から退場

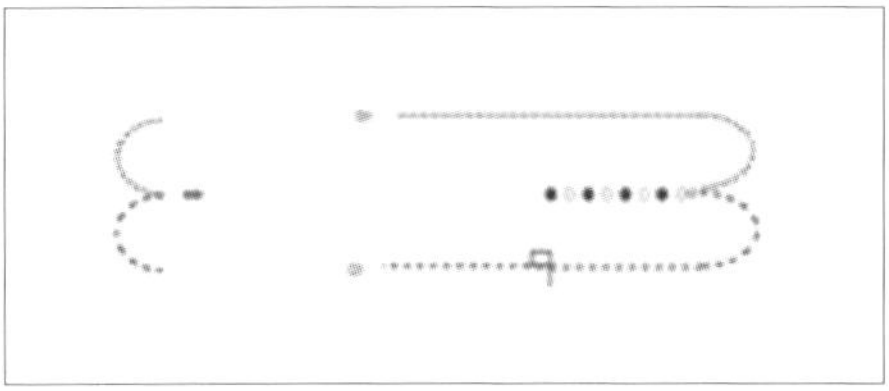

ジャー棒

30 今帰仁村湧川スーマチ グーヤーマチ

由来　湧川のスーマチは、一〇月三日の豊年祭で五年ごとに行われ、道ズネーは銅鑼、太鼓、路次楽の曲に合わせて行う。村旗を先頭に、棒人衆は六尺棒を右斜めに突き上げながら山中にある拝所に行き、一四組の組棒と踊り二組を奉納する。

路次楽で締めて山中を下り、村獅子を納めている場所で再び一四組の組棒を奉納し、公民館広場に向かう。そこでスーマチと組棒を行い、舞台の部に移る。

旗頭　棒人衆組は紅白に分かれ、赤組は赤の鉢巻を前結びに締め、空手着に赤のタスキを結び裸足である。旗頭は赤の三角旗をつけた鑓を持つ。白組は白の鉢巻を前結びに締め、空手着に赤のタスキを結び裸足である。旗頭は白の三角旗をつけた薙刀を持つ。

アシグシ（入場）　赤い三角旗の組頭を先頭に、白い三角旗の組頭が続き、その後ろは棒人衆の赤組と白組が交互に一列になり、銅鑼、路次楽の曲にのせてゆったり

踊り人衆

山中の拝所へ

大巻を描く

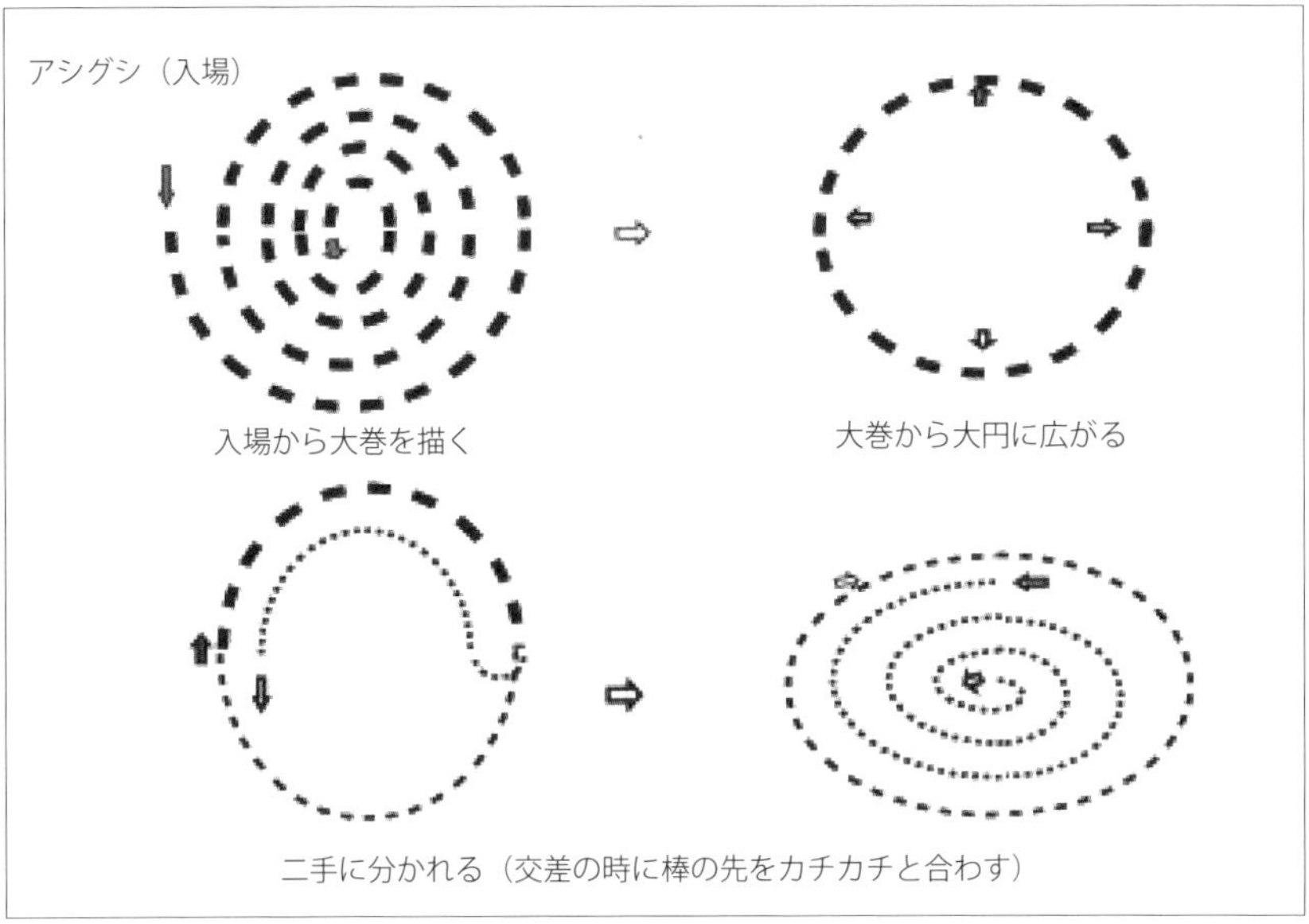
アシグシ（入場）
入場から大巻を描く
大巻から大円に広がる
二手に分かれる（交差の時に棒の先をカチカチと合わす）

と左巻きに大巻を描いていく。

大巻から円陣へ

○大巻を巻き終わると前頭の「イャーイ」のヤグイ（気合）で一斉に「ユイ」とヤグイをかけ飛び上がり、輪を広げて一つの円陣になる。そこで一斉に円心に向かって「エイッ」と六尺棒を打ち下ろし、「ヤッ」で棒を引き上げる。

○再び円陣を回り、一列から二手に分かれて行く。赤組は左回り内側に、白組は右回りに外側に回る。赤組と白組が交差するときに六尺棒の上方をカチカチと合わせながら巻いていく。

○巻き終わると、前頭のヤグイ「イャーイ」の合図で一斉に「ユイ」のヤグイと同時に飛び上がり、再び二手に分かれて退場していく。

組棒　一四組の組棒があり、どの組棒にも必ず足きりの技が入る。結びは路次楽で締める。

路次楽　国王や慶賀使の行列で吹き鳴らす野外楽のことを路次楽と言った。琉球王府では礼拝や儀式、行列で行われ、地方では村芝居や豊年祭の時に吹かれ、祭りには欠くべからざる楽器である。

沖縄への伝来は、一五二二年の世宗皇帝の慶賀使として派遣された上里盛里が中国皇帝即位の儀式の華やかさに感動し、琉球の儀式もそのようにありたいと思い、掛樋の竜頭一個と鳳凰車喬楽器一式を買い込んで帰国した。

湧川には、琉球王府の楽師であった仲松銀太郎が二〇〇年前に村に移り住み、若者に教えたのがはじまりとされ、後に村芝居や豊年祭で棒術の伴奏として演奏されるようになった。

路次楽

スーマチでは、銅鑼や太鼓のリズムにあわせて吹奏する「サーサーガク」と、太鼓のリズムが主になる「太鼓ガク」、全員集合の合図のために高らかに鳴り響かして吹く「揚ガク」がある。

遊び庭へ向かう

31　今帰仁村仲宗根スーマチ　ムカジマチ

仲宗根のスーマチはムカジマチ（百足巻）と呼ぶ。これは「ムカジは豊作に導く畑の神の使いである」との言い伝えからきている。

入場　棒人衆は一列縦隊になって西から入場し、東方向へ向う。全員が入場を終わると銅鑼持ちの「ヒョーユイ」の掛け声で二手に分かれる。奇数組は左側に左巻きを、偶数組は右側に右巻きの二つの小巻を組んでいく。

巻き終えると、銅鑼持ちの「ヒョーユイ」の掛け声で一斉に回れ右をし、今度は棒人衆の最後尾が先頭になって西方向へ行進し、再び二つの小巻を組む。奇数組は右側に右巻きを、偶数組は左側に左巻きを組んでいく。

また銅鑼持ちの「ヒョーユイ」の掛け声で、一斉に回れ右をし、再び棒人衆の最後尾が先頭になり一列縦隊で東方向へ進んでいく。そして奇数組は左に偶数組は右に分かれて大きく迂回し、西方向で再び合流して退場する。

※棒人衆の最後尾が先頭になり、解いていくところは仲宗根と屋慶名のみである。

ムカジマチ図

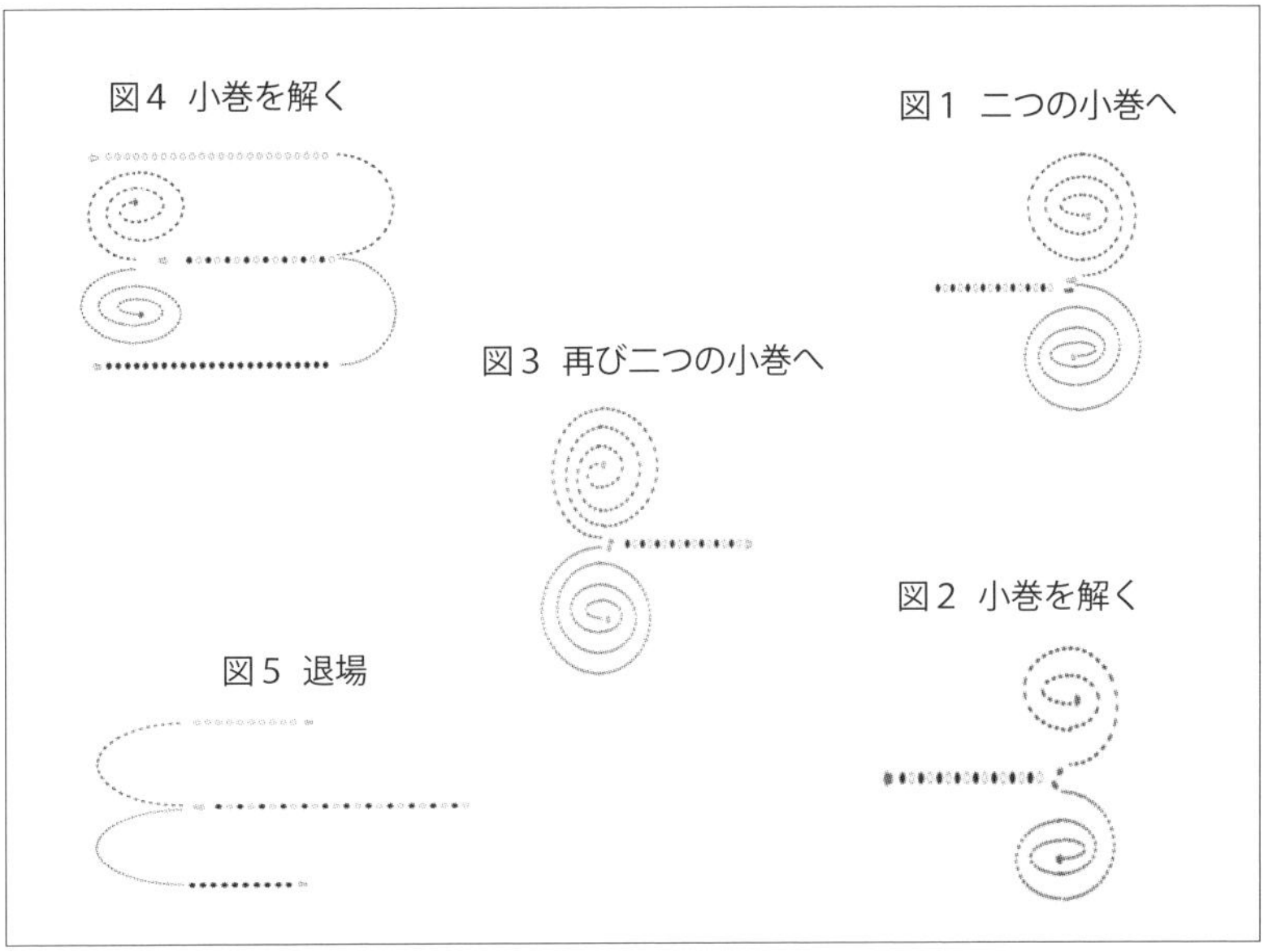

二　離島編

1　伊是名村・伊平屋村・伊江村の棒踊り

(1) 伊是名村諸見マチ棒

マンナマチ

村棒は、伊是名全地域にあるがマチ棒は諸見区だけである。豊年祭の若者たちは顔に墨や紅で化粧をして、白の上下に黒か紫のたすきを掛け、脚は脚絆を巻く。法螺貝、銅鑼、太鼓、空缶を打ち鳴らす中、組踊の若い衆に扮した少年二人が道ズネーの先導をする。集落にある根所や火の神、アサギなどに棒の奉納をした後、招待のある家々で組棒を演じて、最後はアシビナー（遊び庭）で豊年祭を催す。

巻き方　赤組、白組が交互に一列縦隊になって「サーサーサーサーサーサー」の掛け声をかけながら駆け足で入場する。

最初は左巻きに二つの小円を描く。しっかり小円を描いたら、今度は小円を解きながら再び赤組と白組は合流し、一列縦隊となって引き続き大円を描いていく。

しっかり大円を描いたら駆け足をやめて、組棒の準備体勢に入る。白組、赤組から一組ずつ円の中央に進み出て組棒を演武する。

組棒　組棒は一対一で演じる二人棒が多いが、一対二の三人棒、また棒の達者なものは一人で演じる場合もある。

○メー棒

図１　二つの円から大円へ

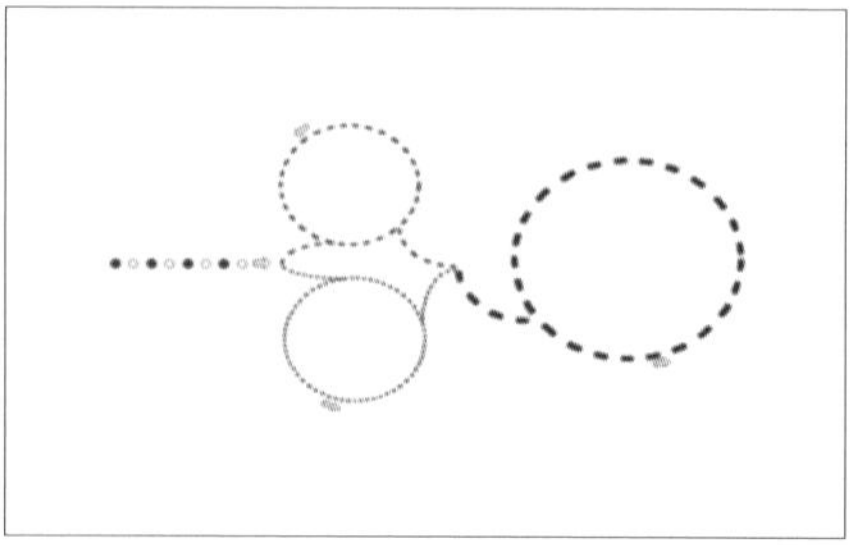

図２　円の中央で組棒

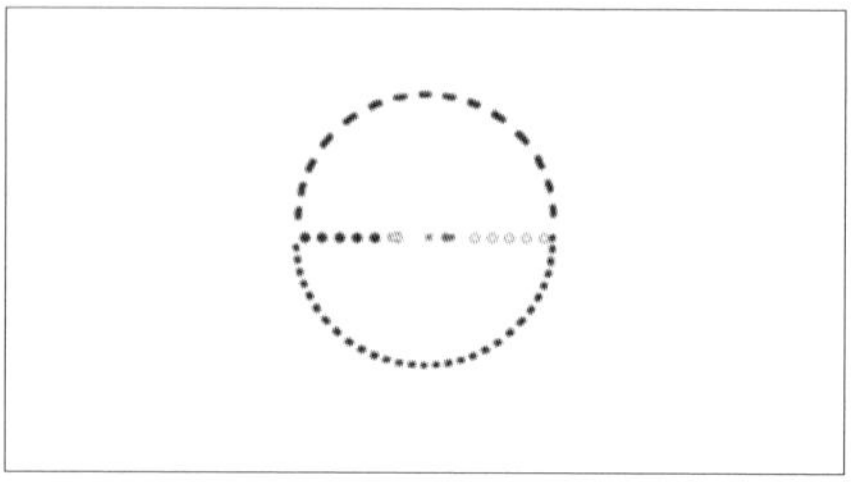

前棒または先頭棒と言い、槍対長刀で行う。
○六尺棒による一方棒、二方棒、三方棒
演武する時に、向かう方向によってその名がついている。
○三尺棒によるシナカブヤー（砂を浴びせる）
所作がめまぐるしく早いのでシナカブヤーと呼ぶ。
○三尺棒対六尺棒によるウイマーハー
ウイマーハとは追い回す所作のこと。
○ウフスグイ
二人とも六尺棒の先端を握り、大きく振り回し渡り合う。
○ヌチ棒（貫き棒）
○ミーヌチ（目貫き）
○ウッケーイ棒（後ろ突き）

(2) 伊是名村仲田棒

尺棒、ヤンバル、スグイ、ミーヌチ、島棒。

(3) 伊是名村勢理客棒

三人棒による鎌対二人棒。

(4) 伊是名村伊是名棒

一人棒、二人棒、仲田区の棒とやや近い。

(5) 伊平屋村我喜屋棒

エーク棒、ガンカン棒。

(6) 伊江村西崎棒

スーマチや四尺棒をもっての南ヌ島もあった。

2　久米島具志川スーマチ
タカマチ

由来　具志川では、具志川城跡からの村落の移転記念行事として一〇年ごとに豊作祈願を行い棒を奉納する。

顔は勇ましく化粧をして、頭は紫のマンサージをかぶり、その上から兜をかたどった白い鉢巻きを締める。

衣装は上下とも白で、紫のタスキを掛け、緑の帯を右腰に結ぶ、足は脚絆を巻き裸足である。

棒の種類

段ぬ棒

タンカー棒

六尺棒の一人対一人

六尺棒の二人対一人

3　粟国村粟国棒踊り

由来　その昔、唐の船が大和川に漂流した時に、唐人たちを救助したお礼として棒術を教えられたのがはじまりとされている。

戦前は舞踊家の玉城盛重の指導を受け、演劇や村棒も盛んに行われた。

大晦日の日には、各家を訪問して踊りを披露しながら豊年祈願と健康祈願をした。棒踊りは、旧正月の三日、七日、十六日に各原組で行われた。

棒の種類

前原組の「エイ小」「ウラアンジク」

草戸原の「二人棒」「ミーヌチャー」

端田原の「ウフエイ」「ウファハジク」

4　宮古島市下地川満棒振り

由来　川満の棒は、川満に伝わる厄払いの踊りで、地元では棒振りと呼んでいる。

その昔、川満村にブーキ（疫病）が流行し、多くの村人が亡くなったので、棒と鉦を打ち鳴らしながら村の御嶽に祈願した。すると魔物が出現したのでこれを棒で退治したという。その後は疫病もなくなり、村では繁栄と五穀豊穣を祈願して、棒踊りを奉納するようになったのが始まりだとされている。

扮装　棒人衆は頭にマンサージをかぶり、白襦袢の上に赤いタスキをかけ、黄色の腰帯を結ぶ。下は白ズボンに白黒の縦縞の脚絆を巻き、白足袋を履く。

棒は六尺棒と三尺棒がある。地域によっては、槍、薙刀、鎌、櫂、サイ、ティンベーなどを持って演じるところもある。また、かつては集落の東は二人棒と五人棒を行い、西は二人棒と六人棒を演じていたが現在は五人棒が主体である。

川満の棒踊り

5　宮古島市上野新里の豊年祭（棒踊り）

由来　旧暦八月十五夜の豊年祭にて、棒を激しく打ち合うことで悪霊を追い払う棒踊りを奉納する。

棒人衆は頭に白い鉢巻きを締め、黒襦袢にたすきを掛け、白ズボンに黒の脚絆を巻く。

はじめの頃の棒振りは、各個人の技量によって自由に振られていたが、現在では形式化された振りになっている。

組　棒

○二尺棒を持った二人

新里の豊年祭（棒踊り）

の前棒対二人のチビ棒を演じる。
○一人の中棒による五人棒を演武する。最初に二人前棒と二人チビ棒が打ち合う中に中棒が入っていく。

6　宮古島市上野野原マストリャー

由来　旧暦八月十五日、マストリャー祭りの演目の一つに棒踊りがある。

マストリャーとは「枡取り」の意味である。人頭税が行われた時代、収穫した粟を租税として納めた後に、その残りの粟でお神酒をつくった。このお神酒を供え、無事に税を納めた喜びと、来年のさらなる五穀豊穣を祈願したのがマストリャー祭りの始まりである。

　棒人衆の衣装は、マンサージをかぶり、白襦袢にタスキをかけ、黒ズボンに脚絆を巻く。

野原のマストリャー

組棒
○二尺棒を持ち、二人前棒と二人チビ棒を演じる。
○一人中棒による五人棒を演じる。最初に二人前棒と二人チビ棒が打ち合う中に中棒が入っていく。

■参考文献
那覇出版社編『沖縄文化財百科　第3巻』那覇出版社

7　石垣市白保スーマチ

由来　八重山の棒は、一四七〇年頃に石垣島川平村の仲間満慶山英極（平家の末裔の伝えあり）の棒伝承説、沖縄本島からのマーラン船の船員や移住者が持ってきた説、明治の末頃に兵隊帰りが持ち帰った撃剣説、与那国の「アーサ」という人の三人棒説、真境名スーグヮの真境名棒説などあるがいずれも確証はない。

勝連城趾で白保棒を奉納　一九九九年（平成十一）十月六日、白保棒術保存会は勝連城址において総勢二五名で一〇通りの組棒を奉納した。

白保棒は、勝連出身の佐久間某から「カッチン棒」を伝授されたものという。勝連城跡が世界遺産に登録されたのを機会に、ゆかりの地で棒の奉納をしたいとの強い要望から実現した。

武器　当初は六尺棒だけのものが、次第に三尺棒（尺棒）や刀、長刀、槍、鎌などが加えられ、さらにサイや青竜刀も加わり組棒は多彩になる。

扮装　出で立ちは、頭にカナイウッパイ（風呂敷）をかぶり、上着は青の襟をつけタスキを掛ける。下は白ズボンに黒の脚絆を巻き黒足袋をはく。

入場　法螺貝と銅鑼の合図で、長い竹竿に三角旗を付けた二人の旗持ちを先頭に、長刀、槍、六尺棒、三尺棒、鎌、六尺棒人衆と続き粛々と力強く大地を踏みしめながら行進する。

今にも戦闘開始の様である。入場の途中々々で、戦意を鼓舞するかのように二人棒を何組か演じながら広場中央まで進んで行く。中央に到着すると、両側に二手に分れて対峙し、次々と組棒を演じて最後にスーマチの大巻

棒を奉納

入場

を巻いて終わる。さすがに組棒の演武は、力強く古武士を思わせるものがあった。

しかし、スーマチは人数が少なく、どの村から伝わったかの検証までは至らなかった。

組棒　組棒は、二人棒が普通で、前に立つ人をカクといい、後ろの人をナカンギリという。突けば払い、足をすくえば跳び、左右からの攻撃に対しては、棒の両端を握って頭上や身体の左右で受け止める。

・前ヌ二人（三尺棒）　・後ヌ手（三尺棒）
・やり対ナギナタ　・弁慶ぬ手
・六尺ヌクイ手　・新六尺
・やり対やり　・六尺ヌ手
・ナギナタ　・サンチンヌ手
・鎌対棒　・ガギヌクンス手

■参考文献

牧野清『登野城村の歴史と民俗』牧野清

組棒

鎌対棒

長刀対ヤリ

スーマチ

第二編

南ヌ島（フェーヌシマ）

第一章　各地の南ヌ島の広がり

一　フェーヌシマとは

「南島踊り」「南の島踊り」「南風の島踊り」の漢字を当てる。地域によっては、パイヌシマ、ペンシマ、ヘーンシマ、ハイヌスマカンター棒などと称し、沖縄各地の村祭りで演じる。

赤毛のかつらを頭にたらし、鉄の輪を付けた四尺棒を片手に持ち、「ハウッ　ハウッ」の奇声を発しながら入場する。三線、銅鑼、法螺貝、鉦に合わせて、意味不明な歌をもって跳ねたり、転がったり、組み合ったりしながら棒をリズミカルに打ち合う。

人数は四人がらみで演じ、通常八人、一二人程度であるが、那覇市安里のフェーヌシマは六〇人近くの大集団で演じる。

由来について東恩納寛惇は、『南島風土記』に「南島踊り（ハエノシマ）と称する舞踊は、毛髪を赤く染め、腰簑のようなものを巻き一見、南洋土人風に踊るのであるが、その南蛮渡来であることはハエノシマの名はこれを説明している。この踊りのもとは読谷山長浜といわれている」とある。

またオモロ伝承者の山内盛彬は、「昔、フェーヌシマは民俗舞踊として存在し、それらが隊を組んで読谷山長浜詣でをした。長浜はむかしの南方貿易港であったので、つまりこの踊りの発祥地巡行であった」と南蛮渡来を述べているが伝承の域は出ない。その他にはミクロネシア説、中国説、そして南九州からの棒踊り伝播説がある。

二　南ヌ島の種類と内容

南ヌ島は沖縄全域に分布している。ただ歌が意味不明で、所作も軽業的なところがあることから次第に消滅してしまっている地域も多い。

現在残っているところは那覇市安里、金武町伊芸、名護市辺野古、名護市嘉陽、うるま市勝連平安名、伊江村字西江上、恩納村名嘉真、読谷村儀間、北谷町北谷、北中城村熱田、竹富町小浜などである。

これらの南ヌ島を一堂に広げて歌詞、扮装、道具、楽器、芸態などから、一体どのような背景のもとに、いつごろ成立したものであるか比較して、その全貌を明らかにしてみたい。

まず歌詞を見ると一つの芸能でありながら地域によって異なり、数種類もあるのはどういう事であろうか。

1 「すんじなりたや」から始まる地域

歌詞が「すんじなりたや」から始まる地域は、那覇市安里、金武町伊芸、名護市辺野古、うるま市勝連平安名である。

(1) 那覇市安里フェーヌシマ

すんぢなりたや
ひゃくなり　ひゅー（百成瓢箪）
ひるや　みくしに（昼や御腰に）
さぎらりてぃ（提げられて）
ゆるや　うすばに（夜や御側に）
うかさりてぃ（置かされて）
クルリン
ちんとう　かたとうちね
あぬひゅー（あの瓢箪）
くぬひゅー（この瓢箪）
はいや　かたとうちね
ちーく　ちーたち　二十八日
さゆいぐと　みそらば
くぬ　おーさったー　しょうがち
わしたんが　うむいする
ゆあり　ちみんさま
さじんとうが　ならば
シックリ　シックリシ
しさしが　うしゆい
ふわにむ　トゥチワ
なにむに　トゥチワ
たていたるみじわ
がっていんが

ああなかなか
がっていんグヮ
あがい　かーみぬ　ちゃんとうしてぃ
ひゅーたんぬ（瓢箪の）
かわるがねー
うーちぬ　うゐーたー
うーむしる
ひゅーよーひゅー（瓢箪よ瓢箪）
ひゅーよーひゅー（瓢箪よ瓢箪）
ひゅーよーひゅーの　しん（瓢箪よ瓢箪の心）
かみがかちりんぬ
おーした　したんぬちら
アンチポー　チーポー
テンテンボンボン
なにがひゅーたん（何が瓢箪）
ヒュータンぬ（瓢箪の）
カラクル
くるまぬしん
西ぬーはじしに

おーした　したんぬちら
アンチポー　チーポー
あぬたぬかたに（あなたの方に）
カラクルひゅー（カラクル瓢箪）
くぬたぬかたに（この方に）
カラクルひゅー（カラクル瓢箪）
カラクル　カラクル　チンカラクル
イテイー　イノー
おーした　したんぬちら
アンチポー　チーポー
みりむ　みりむ
さらば　さんぷく　りんぐぬ
くぬみや　くぬみさいな
ハイヤハハ　ハイヤハハ　ハイヤハハ

（『山内盛彬著作集第二巻』）

由来　『真和志市誌』によれば安里のフェーヌシマは農村の娯楽として演じられ、明治初年以前から、旧暦九月九日重陽の節句（菊酒の節句）の時、安里八幡神社の祭りで踊られてきた。起源についてては定かではない。

芸態　踊りは鉄の輪の付いた四尺棒で互いに打ち合う棒踊り、瓢箪を持って踊る「瓢箪踊り」、軽業からなる「サール・ゲーイ（猿返り）」の三部構成になっている。

一部（棒踊り）

一列縦隊で、棒を右手に持ち、四人一組となり、鉦に合わせて「ハウーハウ」と発しながら入場する。

始めに大きな輪をつくり、次に小さな輪をつくる。次に一、二回は二人がらみで打ち合いをし、三回目は四人がらみで「ハウ　ハウ」と呼びながらまわり、四回目はアージシニーといって前後で打ち合い、五回目は上打ち、足払いをやる。

二部（瓢箪踊り）

腰に瓢箪をさげ両手を腰に当て、鉦に合わせて四人がらみで「ハーイヤ」の掛け声で小走りに入場し、所定の位置で右膝を折って、左足を前にして座る。再び鉦が鳴ると「ハーイヤ」の掛け声を発し、例の歌を唄い、空手踊りを演じながら、互いに左腕をかけて左に回る。これを繰り返す。

三部（サール・ゲーイ）

二人一組になって、相手の股に頭を入れ、相手の腰を抱えクルクル回る。

歌詞について　元歌は、明治の初めころに流行した俗唄で、元禄の流行歌紙鳶所載にある「折りしも風が吹いてあなたの方へカラコロよ。こなたの方へカラコロよ。カラコロカラコロ瓢箪のつらせたは、イヨコノまことに何よりも面白い…」の歌詞を琉球語に転訛し、ところどころに三線・太鼓の擬音語や囃子を適当に取り入れ琉球音階にのせて軽快に歌う。擬人手法をとっているので、歌い手も、踊り手も何のことかさっぱり分からない。

瓢箪を芸者に置き換えると、芸者が昼につけ夜につけこの男、あの男に片時も離れないで尽くしている花柳界の様子を歌った内容になる。

扮装と道具・楽器について　頭に長い赤毛のかつらをかぶり、鉢巻を締め、タスキを結び前掛けを当て、腰に七色の布をたらし、瓢箪を身につけ、脚絆を巻き、わらじをはく。手には鉄の輪の付いた四尺棒を持つ姿は、一見して大和風であり、山伏や遊行僧を見る。

手にしている鉄の輪を付けた四尺棒、瓢箪、法螺貝、

安里の南ヌ島

銅鑼、鉦などを見ると東恩納寛惇や山内盛彬のいう南洋伝来の芸能にはどうしても見えない。

南ヌ島に使う道具、楽器は山伏が携帯している法具の摸造そのものである。

山伏は野山を歩き、諸国の名山・霊峰を巡拝し、山霊・山神の威神力をわが身につけるために服装は、斑蓋《はんがい》、頭巾《ときん》、鈴懸《すずかけ》、結袈裟《ゆいげさ》、最多角念珠《いらたかねんじゅ》、肩箱《かたばこ》、笈《おい》、引敷《ひっしき》、脚絆《きゃはん》、わらじの姿に、法《ほ》螺《ら》、錫杖《しゃくじょう》または金剛杖《こんごうづえ》を携行する。

これらの扮装や道具、楽器を一つひとつ吟味する。

錫杖

鉄の輪を付けた四尺棒は、山伏の錫杖を真似たものである。錫杖は銅や鉄などでつくられた頭部の輪形に遊環という輪を六本もしくは一二本通しており、音が出る仕組みになっている。その振動により托鉢の来意を告げたり、読経の調子をとったりするのに用いる。

また山路で猛獣や毒蛇を避ける効力や悪霊を打ち払う呪力があると考えられている。錫杖には大中小があって、長いものは一七〇センチぐらいものから、手錫杖の三〇センチぐらいのものもある。

法螺貝

山伏の法螺貝は、お勤めの時や山を歩く時、猛獣を追い払う時などに吹く。

瓢箪

瓢箪は、念仏を唱えながら瓢箪を叩いて村々を回り、また調子をとりながら舞をする時に用いる。

銅鑼、鉦鼓

銅鑼や鉦鼓は、俗に「たたきがね」ともいい、これを叩いて念仏の調子をとる。

前掛け

五角形の前掛けは、山伏の首にかけている結袈裟を模倣したものと思われる。

黒の脚絆とわらじ

黒の脚絆やわらじは、山伏が寒さを防ぐためのものでもあり、険しい山道を歩くのに欠かせない。

以上が山伏や遊行僧の姿である。ところが那覇市安里南ヌ島のみに見られる七色の腰帯は何を意味しているのであろうか。東恩納寛惇や山内盛彬は、この腰蓑から南蛮渡来の芸能であるとしているが、はたしてそうであろうか。

七色の腰蓑について

徐葆光著『中山傳信録』によれば「国内の行列の道には、すべて五色の布で飾る。歓迎の中秋宴の第一番の『笠舞』は十三、四歳ばかりが四人、朱の足袋をはき、五色の長衣をきている。第二番の花索舞い（ぬち花）は五色の衣をつけ、首に五色の貫花をさげている。第三番の籃舞（かご踊り）は五色錦のそでなしを着ている。第四番の拍舞い（四つ竹踊り）は短い朱や緑の五色の宮女の衣をつけている。第六番の毬舞（獅子舞）は少年二人が五色の衣で、金色の毬を持って出る。

重陽の宴の『龍舟の戯（ハーリー）』においても周囲を幾重の五色の布で飾り、船には五色の長旗を持った少年二人がのっている。そして、周囲をほとんど五色の布で固めている」と国中が五色の布で飾られているというのである。

五色の布については、童謡の「たなばたさま」の歌詞「五色の短冊」や鯉のぼりの「五色の吹き流し」にも見ることができる

これは中国の五行思想の五正色に由来するもので、五色の布は、木（青）、火（赤）、土（黄）、金（白）、水（黒）の五行は循環するという自然に対する畏敬の念を示したものだといわれている。

つまり安里南ヌ島の七色の腰蓑は、この五行思想の五正色に由来するものと思われる。

赤カツラ

顔を隠すほどの赤カツラの特異な扮装は、おそらくザンバラ髪の有髪僧や遊行僧を表現したものと思われる。というのは、徐葆光著『中山傳信録』に「五〇人あまりで演じ、始めにザンバラ髪の遊行僧が白い木杖を手にし、五色衣裳で花を頭につけ登場して、最初の一九名が左回りに第一層の輪をつくり、次に二〇名が登場して右回り

に第二層の輪をつくる。次に小太鼓やたたき鉦、腰鼓をもって登場し、左回りに第三層をつくる。次に歌にあわせて、外の三層は左右にぐるぐるまわりながら、一転すると五色の舞扇を、第二転には金交桿を、第三転には菊をもっておどり、第四転には風車をまわせて四、五番順次グルグル回って退場する」とある。南ヌ島の形態と大筋は類似しているのである。

サール・ゲーイ　猿返りの意味で、山内盛彬はこの芸当を「二人の水車」と表現しているが、軽業の一種で、二人一組になり相手の背中をクルクル回る。タイミングと相手を支える力がないと、けが人も出るぐらいの難しい芸当である。

「猿返り」は、歌舞伎では立ち回りの型の一つで、あおむけになって両足を頭の方へ曲げ「の」の字形になりひっくり返って立つ芸もある。

また、遊行僧が舞楽や田楽などと関わりながら村落に入り込んで、全国各地で棒踊りや錫杖踊りなどを祈祷しながら軽業や魔術まがいのこともやっている。

沖縄も例外ではなく、かいらい、万才、春駒、鳥刺舞などの大和芸能が入り込んでいるのは、遊行僧によるものだと言われている。

安里フェーヌシマの錫杖

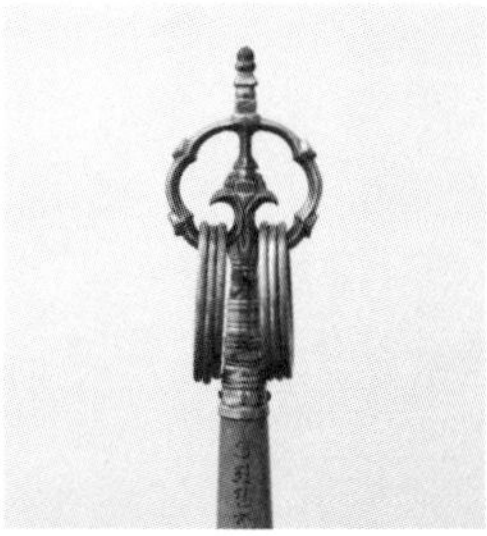

山伏の錫杖

■参考文献

山内盛彬『山内盛彬著作集第二巻』沖縄タイムス社
池宮正治『沖縄の遊行芸』ひるぎ社
徐葆光（原田禹雄訳注）『中山伝信録』言叢社
新垣清輝『真和志市誌』真和志市役所
下野敏見『鹿児島の棒踊り』南方新社
監修／日本レクリエーション協会『遊びの大事典』東京書籍

(2) 金武町伊芸フェーヌシマ

すんじーなりーたーや
はくーしゃーまーにー　クルルン
ぴるーやーうしーばーに
うかーさーりーてぃー　クルルン
ゆるーやーみくーしーにー
うかーさーりーてぃ　クルルン
にしぬ　うみたち
みるむ　みーるむ
さらばさんぶく
ふたんぬ　くぬみぬ
はあー　くぬみーさいな　ハ、ハ、ハ、フイ
てんく　てぃーたち　にじゅうはちにち
ゆいごとみそちゃぬ　テンテンボンボン
なにがふーたぬ
ふたんぬ　くぬみぬ、フイ
あぬーたーぬー　かたに　カラクルす
くぬーたーぬー　かたに　カラクルす
カラクル　カラクル　チンカラクル
かきたるむぬや
がっていんならん
いやーにむ、かーにむ　ぶさほー

（『村の記録』）

歌詞について　歌は、那覇市安里南島踊りの流れである。しかし安里の歌と比較すると明らかに欠落や転訛が多く、主役である瓢箪の表現がまったく見られない。そのために内容・意義が失われて形だけが残っている。また歌詞には『村の記録』と『伊芸誌』の記録があるが、ところどころ異なり、歌詞の前後がひっくり返っているのが『伊芸誌』に見える。

伊芸フェーヌシマ

扮装について　かつらは、芭蕉布を赤褐色に染めた紐で編み、顔を覆い隠すぐらいに肩まで垂らして被り、鉢巻を結ぶ。半袖の白い

シャツに打ち掛け（陣羽織）を着け、白ズボンに茶系の脚半を巻く。手には鉄の輪を付けた棒を持つ。

踊りの形態

一部　六尺棒踊り

銅鑼の音に合わせて「ハウーハウー」の掛け声と共に下手から四人組が六尺棒を床につきながら入場する。ドラの音に合わせて二人棒を演じ、その後、足を後ろに蹴りあげながら反時計回りに円を描いて下手に退場する。

二部　三尺棒踊り

入れ替わりに、下手から四人組が三尺棒を床につきながら入場する。銅鑼に合わせて二人棒を演じ、その後、足を後ろに蹴りあげながら反時計回りに円を描いて下手へ退場する。

三部　空手踊り（サール・ゲーイ）

銅鑼の合図で「ハーイヤ」「ハーイヤ」の掛け声と共に、下手と上手から同時に四人組が入場する。例の歌を唄いながら二人がらみで拳を突き出して演じる。その後、二人で組んでの「サール・ゲーイ（猿返り）」で相手の股に頭を入れ、相手の腰を抱えてクルクル回りながら下手へと退場する。

由来　『村の記録』によれば、恩納村名嘉真区から伝わり、うるま市田場へ伝えたとある。しかし、恩納村名嘉真区の歌詞とはまったく異なり、歌詞、芸態も明らかに那覇市安里フェーヌシマの流れである。

■参考文献

安富祖 一博『村の記録』安富祖 一博

金武町伊芸区『伊芸誌』金武町伊芸区事務所

金武町教育委員会広報『くくむ　第83号』金武町役場

(3) 名護市辺野古フェーヌシマ

すんじん　なりたや　ひくさまる　クルイ
ひるや　くさばに　かくされてぃ　クルイ
ゆるや　みくしにうかされてぃ　クルイ
みでぃむ　みてぃむ
さらば　さんぶく
ちんくぬ　くぬひ
くる　みさいのは

にしぬ　かみぬ
ちーら　したーした
ちんく　ていたちに　なはゆ
しごと　みそちゃる　くるみさいぬは
ティンティンボンボン
さらば　さんぶく
なにがふーたる　ふたんぬくるまま
かてて　みじくぬ
がってんさん　ぶさふ

辺野古フェーヌシマ

歌詞について　那覇市安里フェーヌシマの歌の流れである。しかし歌詞の欠落や転訛が激しく、内容・意義を失って形だけが残っている。例えば安里の「昼や御腰に提げられて」が「昼や草場に隠されて」となり、独自の解釈になっている。

扮装について　赤いカツラで白襦袢にタスキを掛け、白いズボンに腰蓑を結び茶系の脚絆を巻く。

(4) うるま市勝連平安名テンテンブイブイ

歌詞は那覇市安里フェーヌシマの流れである。鉄の輪を付けた三〇センチぐらいの棒を持って、「すんじーなりたや」と歌いながらゆったりと踊る。踊りの特徴は両手を横に広げ上下に振るのが多く、跳んだり、棒を打ち合うこと事はない。手錫杖を持っての踊りは、他の村には見られない構成になっている。後にエイサーの「こっけい踊り」を取り入れて、今日まで伝承されている。「テンテンブイブイ」は三線、太鼓のテンテンボンボンが訛ったもの。

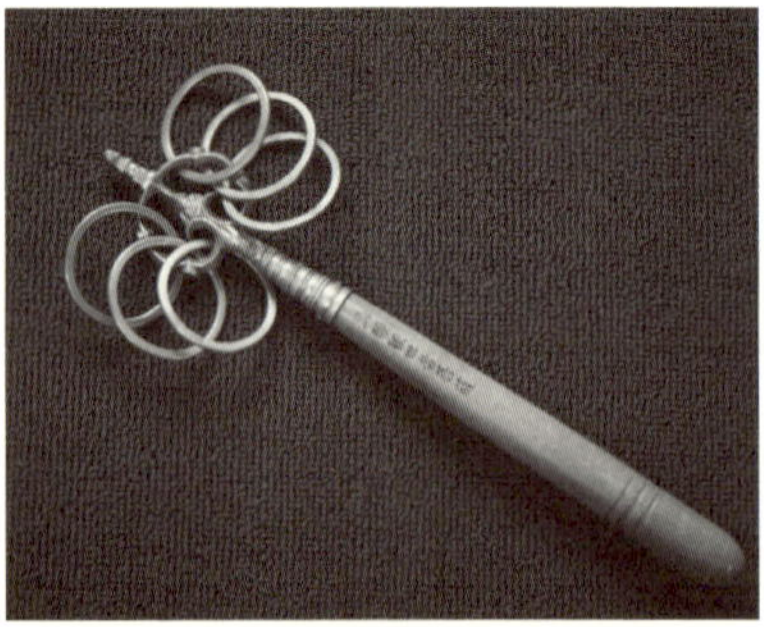
手錫杖

(5) うるま市勝連南風原フェーヌシマ

一八五〇年頃、武士前茂太伊（メームッタイ）が首里の親戚宅に身をよせていた時、首里の士族が唐人から武術、フェーヌシマ（南ぬ島）の指導を受けているのを盗み見て覚え、それを南風原区へ持ち帰って、若者に教えたのが始まりとされている。

南風原フェーヌシマは、麻の赤褐色のカツラを被り、手には鉄輪の付いた五尺棒を持って、「ハウ」という独特な声を発する。かつては武術（喧嘩手）として一の型、二の型があり、歌詞も存在したが今は消滅している。

踊りの形態

一部　下手から右手に持った棒を「8」の字に回しながら「ハウ」と発し、棒を床に突きながら四人が登場する。二人がらみで「ハウ」に合わせて棒を上下に打ち合う。その後で舞台を小走りに一巡して上手へ退場する。

二部　四人が下手から棒を8の字に右手で回しながら「ハウ」と発し、棒を床に突きながら登場する。所作は一部とほとんど変わらない。その後で舞台を小走りに一巡して上手に退場する。

三部　四人が下手から「ハウ」と発し、右手の棒を右横に振りながら床を突いて登場する。所作は一部とほとんど変わらず、棒を上下に打ち終わったら、舞台を一巡して上手に退場する。

四部　所作は三部とほとんど同じ。

■参考文献

勝連町字南風原字誌編纂委員会『勝連町南風原字誌』南風原公民館

2 「ちゃうんえーちゃー」から始まる地域

歌が「ちゃうんえーちゃー」から始まる地域は、読谷村儀間、恩納村名嘉真、恩納村仲泊、名護市嘉陽である。

(1) 読谷村儀間フェーヌシマ

ちゃうんえーちゃー
ちーたあちぬうゆえーえーえ（朔日のお祝い）
あるのー　ちんちんこー　ちゃりのーえー

ちありのーちー　ちゃりもはんちがーあ
ちゃりもはんちー
えーらんのーえー　えーらんのーちー
あやふあんさん　のーちー　いつさいぴんのみん
さんいんよーち
うーちーまーしま（沖縄島）
こーえーえー　こーえーえーえ
さいよーちーらん
のーちー　ちょぶちーち
いつたん　どんちぬ（殿内）
ちゆみーちぬ
はうえーえーえー　ぱーらむいんちぬ
ふんだむえー　くえーえー

扮装　白シャツにタスキを掛け、読谷山花織のウッチャキ（羽織）を着ける。赤いカツラは鉢巻をして後ろへ垂らす。黒の脚絆を巻き素足である。

小道具と楽器　三尺棒（鉄の輪はつけない）、アワセガニ（シンバル）で調子を取る。

踊りの形態

一部　二人のシンバル打ち

先払い役のクバ笠をかぶった二人の踊り手が、例の歌に合わせて、シンバルを打ちながら下手から登場する。舞台を一巡し、舞台中央の奥に立つ。

二部　空手踊り

四人の二組が下手から小走りに登場。三線のクーサンクーのメロディーにより空手踊りを演じる。演技の合間に「ハウー」と発し、両手を天に差しジャンプする。最後は二人がらみで、右腕と右腕をからませて引き合い力比べをする。

三部　棒踊り、サール・ゲーイ

八人が右手に三尺棒をもって登場し、反時計回りに円陣を描きながら横二列となって打ち合う。演技の合間に「ハウー」と発し、両手を天に差しジャンプする。

最後はサール・ゲイで二人が背中を合わせ、頭上に上げた三尺棒を互いに両手でつかみ、片方は前かがみ、片方は背中を回転しながら退場する。

四部　二人のシンバル打ち

再びクバ笠の二人がシンバルを打ち、例の歌を唄いながら、下手から登場、舞台を一巡して下手に退場する。

由来　隣の読谷村長浜区から伝わった説もあるが、古老の話によると、歌はもともとあったと言い、歌詞の意味も知らず今日まで来ていると言う。

歌詞について　歌詞の内容は、那覇市安里フェーヌシマに代表される「すんじなりたや」から始まる地域とはまったく異なる文句であり、琉球語と思えるのは「朔日のお祝い」「沖縄島」「殿内」のみで、残りは何を意味しているのかさっぱり分からない。

踊りの形態について　一部のクバ笠をかぶった二人の「シンバル打ち」の登場は、那覇市安里南島踊りとは異なる演出である。これはシンバルに合わせて踊る中城村の打花鼓（ターファークー）からの写しに見える。

二部の「ハウー」と発し、両手を天に差しジャンプする所作。また二人が右腕と右腕をからませて力比べをすることや、三部の二人一組で背中を合わせて、背中の上をクルクル回転する演技は、那覇市安里南島踊りのサール・ゲーイの写しである。

つまり、踊りの形態は那覇市安里南島踊りを参考にしながらも、歌は他の村の異なるものを持って来て、独自の南島踊りを創作したものと考えられる。

(2)　恩納村名嘉真フェーヌシマ

ちゃいんえーちゃ
ちたあぬ　うゆーえ（朔日のお祝い）
はるの　うちちんこー　ちゃありのーち
ちゃりもはんちが　ちゃーりもはんち
えーらんのーえー　えーらんのーちー
あやふあんさんのえーえー
いさいぴんぴんぴん
さんいんよーしん
うきなしま（沖縄島）
こええーえー　こーえーえ
さいよー　てらんのーえー　ちょぶ
いーんいーいぬ
いーたん　どんちぬ（殿内）
ちゆみーちの

はうえーえー　ぱーらむいちんぢ
ふんだむとー　こえー

踊りの形態

一部　二人の拍子木打ちトンツーグワー

はじめに、陣笠を被ったトンツーグワーと称する二人が、指笛と三線に合わせて拍子木をもって登場し、舞台中央の奥に立つ。

二部　空手踊り

赤いザンバラ髪の踊り手が勢いよく舞台に登場する。「ハウッ」と声を発しながら舞台を一巡して、中央で二組に分かれ歌いながら踊る。最後は相手と腕を組み、力比べをして下手に退場すると、続いてトンツーグワーも下手に退場する。

三部　棒踊り

再び赤いザンバラ髪の踊り手が棒を片手に登場し、棒を打ち合って下手に退場する。

歌詞について　読谷村儀間の歌の流れである。しかし儀間と比べると欠落と転訛が見られる。

踊りの形態について　一部に陣笠をかぶったトンツーグワーの二人が登場することや二部の空手踊りの中で、二人が双方の右腕を組み引き合う所作は読谷村儀間に似る。また歌詞も読谷村儀間にもっとも近いことから、儀間の南島踊りを参考にしたものと思われる。

※トンツーグワーとはフンツーグワーのことと思われるが、琉球語で「おじさんグヮー（小）」の意味になる。

(3)　恩納村仲泊フェーヌシマ

エーウ　ちたーちい　えーええ
ワーウ　ちたーちい　えーええ
ゆーちゃーゆーてーじーえーじー
しわいもおお　もおおんちゃん
もおーぴんちゃん
しーてーもんないじー　えーじー
しわいもおお　もおおんちゃん
もおーぴんちゃん
くうーしんちゃーぬてい

歌は読谷村儀間の流れであるが、大分欠落しており、内容、意義を失って形だけが残っている。

由来　『恩納村誌』によると、陶土を山原船で那覇の壷屋に運搬する途中、風の都合で帰ることが出来ない日がつづいた時、安里フェーヌシマに興味を持った若者が習い覚えて仲泊に伝えたとある。

しかし安里フェーヌシマの歌とはまったく異なり、歌の内容からすれば、おそらく隣の名嘉真区から伝わったものと思われる。

■参考文献

仲松弥秀『恩納村誌』恩納村役場

(4)　名護市嘉陽フェーヌシマ

ちゃんえーちゃん
ちーたちぬ　うゆえーえ（朔日のお祝い）
あーら　うーちちんこー
ちゃりのーえ　ちゃりのーちー
ちゃりもーはんちが　ちゃりもはんち
えーらんのーえー　えーらんのーちー
あやふあんさんのーち
いさいぴんぴんぴん　さいんよーちー
うちーましま　こーえーえー
こーえーえー
さいよーちー　らんのーちー
ちょぶちーちー
いったんどんちぬ
ちーゆーみーちぬ
はうえーえーえー

扮装　頭は、芭蕉布の糸で作った顔を隠すほどのカツラをかぶり青い鉢巻で絞め、上衣は薄い青にタスキを掛ける。腰帯は芭蕉布の縄を結び、七分ズボンに裸足である。右手には三尺棒を持つ。

踊りの形態

一部　棒踊り

舞台裏で三線の前奏により、棒で床を叩き「ハウー」の掛け声を数回繰り返し、三線「五尺工五尺尺工〇工尺

嘉陽フェーヌシマ

工五尺尺工」に合わせて、右手に三尺棒を持った八名が登場する。

・右足から大きく踏み出しながら、同時に棒を足の方向へ突き出すようにして右腕を伸ばし、体を大きくのけぞらせて左手は腰に当てる。

・この動作を左右交互に一歩一歩踏み出して前進する。

・左足を踏み出して棒を床に突き、左拳を上にあげ、肘を曲げて顔の前に持ってくる。この動作をくり返しながら前進していき円陣をつくる。(三線演奏は止まる)

・舞台中央で二手に分かれる。

・「ハウー」で腰を深く曲げて起こし、棒を頭上で振り回しながら跳びあがり、内側に向きを変えて棒を床にたたきつける。

・「ハウー」で腰を起こし万歳をして次の所作に移る。

①スンカ(引きずる)

・両手を下ろし、棒を床に落とす。

・落とした棒を引きずりながら、双方が相手の位置まで前進し、棒を打ち合う。

・棒を引きずりながら双方が前進して相対し、棒を打ち合う。

・棒を頭上で振り回しながら内側に方向を変えて相対し、「ハウー」で腰を起こし両手をあげる。

②ミーヌカ(目貫き)

・「ハウー」で両手をあげ、棒を頭上で振り回しながら相手の目を突くようにして相手の位置まで進んで止まる。

・同時に棒を振り回しながら内側に向きを変える。

・元の位置に戻り「ハウー」で万歳をする。

③ウットヌガー(跳びあがり)

・「ハウー」で上にあげた棒を両手で握り、床に突いて相手の位置まで一挙に跳びこむ。

・体の向きを変えて同じ動作で元の位置に戻り、「ハウー」で万歳をする。
・棒を後ろに下ろしながら、相手を仕掛ける構えに入る。
・双方が右足を前に踏み出し、上段打ち、下段打ち、中段打ちをしながら、双方が押しのけるようにして跳びあがり、「ハウー」で腰を深く曲げて起こし退場する。

二部　チャンクロの登場

・タオルで頬被りをしてクバ笠（ムンズル笠）を被った振り袖姿の「チャンクロ」と称する二人が、例の歌を唄いながら、両手を上下にすり合わせ、舞台を角切りに一周して舞台中央の奥で止まる。歌を終えると手を叩いて踊り手たちを招く。
・踊り手は、「ハウー」とかけ声を発し、両手を腰に小走りでスルスルと登場し、空手舞踊を演じる。
・両手をたたき右足を引きずり、膝を大きく上げ下ろしながら内側に向きを変える。
・両腕を広げ下から肩の高さまで上げ肘を曲げる。
・両腕を斜め上に伸ばしながら横跳びをする。
・この動作を二回繰り返し内外に向きを変えて、前進しながら円陣をつくる。
・一巡したら二手に分かれ、双方が向かい合って「ハウー」の奇声を発し両手を上に伸ばす。

※チャンクロはチャンクルーとも言い、「チャン」は銭で「クロ」は回ることの中国語の訛り。一銭銅貨を立て、指ではじいて回転させた銭を押さえ「裏か表か」と賭ける遊びである。ここでは中国人の意味であろう。

由来について　『嘉陽誌』によれば、南ヌ島は北中城熱田の三良と戸加の兄弟が嘉陽に来て伝えたとある。しかし、歌詞は熱田とはまったく異なり、踊りの形態も熱田は鉄の輪を付けた棒で踊るが、嘉陽は、普通の三尺棒をもって踊る。

歌詞について　歌詞は、読谷村儀間や恩納村名嘉真からの流れである。またチャンクロの登場は、恩納村名嘉真の「トンツーグワー」を参考にしたと思われる。

むすび　歌が「ちゃんえーちゃん」から始まる地域の特徴は、読谷村儀間のクバ笠をかぶった二人のシンバル打ち、恩納村名嘉真のクバ笠をかぶった二人のトンツーグワーの拍子木打ち、名護市嘉陽のクバ笠をかぶった二人のチャンクルーの登場や、また鉄の輪を付けた棒に替えて普通の三尺棒で棒踊りを演じていることである。

那覇市安里フェーヌシマと比べると、歌詞はまったく異なり、踊りの形態は大分変容しているが、棒踊り、手踊りの大筋は安里の写しである。

歌については、おそらく弥勒唐歌からきているものと思われる。弥勒仏というのは、豊年を招く仏として中国から伝わり、豊年祭りの道ズネー（行列）には、布袋のような弥勒仏を先導に、唐歌を唄い、笠囃子の弥勒節を踊りながら道を練り歩いたものである。

弥勒唐歌

えーらんぬえー　フアンシャンヌー
ちーにーたいてい　たうえー（朔日のお祝い）
こーうえー
チャウシーヨーシン
アマンテインヌテイン

うちなしま（沖縄島）
こーうえーよー　こーうえーよー
ハイヨーヌチ　ランヌチー
サブーヨー
チーチンヌーヨー
サウトルンウエー
シャーンウエー
フワヤドンシンコト
コトンウエー
シャーンウエー
イータウルンスー
チーエーミンテイー
ターウエーパーラウイチンデ
ハンウエーヨー
フーランウエー
シャーンウエー
コーサヨラウシテ
ニーホンウエー
シャーンウエー

チントンチャーン
デーンサーンヨ
クワン　チンディンチャンチャンチャン
ディーンサンヌー
サンサンドウーダン
サンサンドウーダン
ニーターウルンチェー
ハりモータイ　モータイ
モークワン　チンチュー
コーナルカヤー
ハイヨーヌーナール
モークワンチンチュー　ハイヨーヌーナル

（『山内盛彬著作集第二』）

この弥勒唐歌には「ちゃんえーちゃん」の歌にある「えーらんぬえー」「うちなしま　こーうえーよー」の文句が見える。また文句を引っ張って歌うところは「ちゃんえーちゃん」とよく似ている。

■参考文献

嘉陽誌編纂委員会『嘉陽誌』名護市嘉陽区事務所

3　唐歌の地域

(1)　北中城村熱田フェーヌシマ

たう　ちゅんなー　たい
たう　ちゅんなー　たい
ちよーおーよー
ていめーをーたー
いーちゅー　はーたい
ふてーよー　ふいよー
ふいたい　ふいたい
ちんさーん　ちんとうーん
よーをーさい
ちゅさいよー　すいなー

扮装　カツラは、細かく割いた竹皮で、頭の大きさの粗目の籠をつくり、それに芭蕉の繊維を赤色に染めて作る。風呂敷を被り、その上からカツラをつけて大きめの鉢巻を締める。白シャツにウッチャキー（陣羽織）をつ

熱田フェーヌシマ

け、白ズボンに黒の脚絆を巻き、裸足である。※空手踊りでは赤いマンサージ（風呂敷）を被る。

道具と楽器　鉄の輪を付けた四尺棒の南島棒を持つ。楽器は三線と鉦鼓である。

踊りの形態

一部　空手踊り（八人）

三線の音曲により、下手から赤いマンサージをかぶった踊り手八人が「ハウーハウー」と奇声を発しながら勢いよく出てきて、左回りに輪を描く。歌に合わせ両手を拳にして払う。両手を交互にグルグル回し、両足を左右に振り上げながら、腰を落とし、跳びあがりを繰り返し力強く踊る。きびきびと激しく踊りながら上手へ退場する。

二部　棒踊り（四人）

下手から、すぐさま赤いカツラの四人が鉄の輪を付けた四尺棒を手に登場する。三線によるクーサンクーの曲に合わせて、一対一の一の棒、二の棒、三の棒のミーヌジ（目貫き）、カマチワイ（頭割り）、四の棒のチンシワイ（膝割り）などの組棒を演じ、「ホウ　ホウ」と奇声を発しながら上手に退場する。

三部　棒踊り（四人）

下手から、すぐさま鉄の輪を付けた四尺棒を手に四人が入場する。一対一の組棒を行い上手へ退場する。

由来　美里知花の籠つくり職人が村人に教えたのが始まりとされるが定かではない。南島踊りは、明治十七年頃に演じられたのを最後に途絶えたが、大正四年の大正天皇御代典記念行事の時に復活した。

むすび　歌詞はどちらかというと唐歌風で、歌はどの地域にも属しない独自のものである。意味不明の歌を琉球音階にのせて軽快に歌って踊るが、歌い手も踊り手もまったく意に解しない。那覇市安里の歌詞とまったく異なるにも関わらず、芸態は鉄の輪を付けた四尺棒を持ち、棒踊りや空手踊りの大筋は安里フェーヌシマの写しになっている。

■参考文献
北中城村史編纂委員会『北中城村史　第二巻』北中城村役場
『首里城祭　二〇一六年のパンフレット』

4　わらべ唄の地域

(1)　北谷町フェーヌシマ

ハウー　ハウッ
かーにーや（神屋）
さんぐゎんじゃーしぬ（三貫座主）
うんじゅーみーぬ（あなたの目）
くんじゅーみー（この目）
ウングル　シングル（囃子）
まーちぬやま（松の山）
まーちぬしんから（松の中から）
みんぼーじゃーが（目の坊主が）
たーちぬみんぶり（二つの目じり）
ちんちきてぃ（つねって）
すり　いーめん　いーめん
ちくちくたん（痛いよ、痛いよ）
たーちぬたーまーよー（二つの玉よ）
よう　ハウー　ハウッ

（　）内は筆者

扮装　頭には、「フェーヌシマカントゥ」といって、芭蕉の繊維を赤く染めたザンバラ髪のカツラを顔が隠れる程度に被る。上下とも黒（現在では黒の空手着）で、その上から「クブシー」と称する腹掛けをつけ、白黒の縦縞の脚絆を巻いて地下足袋をはく。人数は、鉦打ち一人、演技者八人で四人一組で行う。また四人の倍数で人数を増やすこともある。

※「カントゥ」とは琉球語で長髪のこと。腹掛けのクブシーとはクブシミイカの甲羅のことか？

小道具と楽器　四尺棒の先に鉄の輪を三個つけたフェーヌシマ棒（南島棒）を持つ。楽器は銅鑼のみである。

踊り　道ジュネーの時には、鉦打ちを先頭に二列縦隊で「ハウーハウッ」と発し、棒を地面に突きながら行進する。鉦打ちが拍子を取りながら演技者双方とも歌唱に

北谷フェーヌシマ

入り、その後で「棒巻」となる。

一部　棒踊り

小走りに鉦を叩きながら鉦打ちが登場。続いて右手で棒を引いて八名が反時計回りに登場し、中央で二列になる。鉦に合わせて八名が一斉に横跳びを左右に行い「ハウ」と発し万歳。二組になって上打ち、下打ち、受けを行い、「ハウ」と発し万歳の所作を繰り返した後に反時計に回り、途中で棒を放射状に並べて置き、元の位置に戻る。

二部　空手踊り

鉦打ちの合図により、互いに向き合い正拳突きを繰り出しながら前進と後進を行う。甲が手で乙の脚を払い、乙は跳んでかわす。その所作を交互に繰り返す。その合間には「ハウ」と発して万歳を行い、元の二列の隊形に戻る。

三部　ダチムッチェー、サール・ゲイ

鉦の合図でダチムッチェー（抱き持ち）に入る。双方が右腕を組みクルリと背中を合わせて、背中の上を回転する。「ハウ」と万歳して次の所作に入る。

二列になって、例の歌を唄い互いに向き合い、足踏みをしながら正拳打ちを繰り返す。「ハウ」と発して万歳、その後で再びサール・ゲーイを行う。Aは四つんばいなり、BはAの背中でデングリ返しを行い、互いにこれを繰り返す。次に「ハウ」と発して万歳、横跳びを繰り返しながら一列になり、小走りに反時計回りになって再び棒を持つ。

四部　退場

右手で棒を床に突き、左拳を横に払いながら退場する。

由来　旧暦三月三日の「北谷長老祭」（沖縄に臨済宗妙心寺派を伝えた南陽紹弘禅師）には、北谷長老の墓前で代々奉納されていたが、大正十一年からは毎年、旧暦九月十五日に行うようになる。

戦後になると村屋から長老山まで、獅子舞を先頭に道ジュネーをし、北谷長老の墓前でフェーヌシマを奉納する。その後、再び村芝居の演目の一つとして演じる。普天間から伝わったというが、定かではない。

むすび　歌詞は宜野湾市の新城南ヌ島も見られるが、歌詞の内容はわらべ唄と思われる。「ウングル　シングル」の文句は、鳥刺し舞に見える。

芸態の大筋は那覇市安里フェーヌシマの写しである。特にダチムッチェーの軽業は、サール・ゲーイを簡易にしたものである。

■参考文献

北谷町史編集委員会『北谷町史』北谷町役場
『第二回全島獅子舞フェスティバル』具志川市教育委員会

5　田植え歌の地域

(1)　伊江村西江上ペンシマ

ひーゆー　ちゃんぷん
まいふがぴん
まんえー　さんえー
しんにん　つぃわわら
いらなうぃ
まんえー　さんえー
ちゃん　ええ
ちゃらんえーえ
はやにつぃーふー
らんえー　へー
ぷさつぃがぬ　らうち
しゃん　うによてぃぬ
えんえー
ちらんうょーいんぞおーよー
うむ　えふわんえ

ふっあさー
ちゃりむつ　しんまー
なんぺーへー　しぃさん
ちゅうーりん

扮装　赤褐色のザンバラカツラに鬼面をつける。白襦袢に黒の陣羽織、白ズボンに黒の脚絆を巻き、黒塗りの四尺棒を片手に登場する。

伊江ペンシマ

踊りの形態
一部　棒踊り（六人）
　四尺棒を持った六人が「ハウー」の奇声で登場し、跳んだり、はねたり、棒を打ち合う。
二部　手踊り（六人）
　棒を持たずに登場し、例の意味不明な歌を唄いながら跳んだりはねたり、手踊りを演じる。
三部　比屋武士の鬼退治
　「やぶつい」の比屋武士が登場して口上を述べる。「この頃、この村に鬼が出没して人々に危害を加えているので退治してやる」と言い、さらに「鬼退治に来たから勝負せよ」と鬼に迫る。「やぶつい」の比屋武士は次々と鬼を退治する。

由来　『伊江村史』によれば、恩納村名嘉真からの移住者によって伝わり、鬼面はその時に加わったとある。しかし、名嘉真の歌詞や踊りの形態とはまったく異なっている。

むすび　六匹の鬼が村にやって来て、奇声を発して跳んだりはねたり、悪さをしている。この六匹の鬼を比屋武士が退治するというシンプルなストーリーである。
　近年は、藪地の比屋の息子の平安座パッタラ武士が登場し、鬼を退治する内容になっている。藪地とは、うるま市屋慶名近くにある小島で、平安座パッタラとは平安座島に伝わる怪力の平安座ハッタラーのことと思われるがそのつながりがよくわからない。

伊江島の村踊りは、大和系芸能、島で創作された芸能、沖縄本島や他の地域から伝わった芸能に分類されるというので、伊江ペンシマは近年に創作されたものと思われる。

6　大和流行歌の地域

(1)　竹富町小浜ダートゥーダー

一部　あそつきの歌

たかねやまから（高嶺山から）
たにすくみりば（谷底見れば）
うーまん　かわらねー（どこも変わらない）
すーりぬ
ふかさ（深さ）
たーぶぬ
はなんがきに（花木に）
ゆきぬはな　さちょんど（雪の花咲いているよ）

うーまん　かわらねー（どこも変わらない）
すーりぬ
ふかさ（深さ）
ぬぬんさらしょーり（布晒らしは）
まつがにどう　さらしょーる（松金のために晒す）
うーまんかわらねー（どこも変わらない）
すーりーぬ　みぶき

二部　さんしーひ

さんしんひむ
さんさんさんしんひ
ぴーちんごう
ひちゅんねむ
ていちゃんと　うるすみちゃ
ていちゃんと　うるすみちゃ
しゅりぬうんがせ（首里の御願だ）
スーり　うんがせ（ヤレ御願だ）
しーしくーむ
むちくわいふ

ひふだしくわいふ
だんまみじゃ

三部　うきちち
うきちちゆまり（昨日の）
なさんげーてぃ
にーらんよ（煮えないね）
しゃんくる　しゃびら（お祓いしましょう）
ちぃんとぅや　うとぅらしむぬ（本当の怖いものは）
ふーちゅーてぃ（流行り病）
たぃわん　うきなや（台湾沖縄は）
ずーり　ちゅらさ（遊女の美しさよ）

（小浜島民謡集）

扮装　茶系のザンバラ髪に黒の天狗面をつけ、服装は紺の上下を着て、「㊂」の紋用がついた五角計の前掛けを付ける。足は紺の脚絆を巻き裸足である。

踊りの形態

一部
三線と歌に合わせて、四尺ぐらいの木切れを両手で横に持った二人の先払い役の女性がゆったりと登場する。その後に、四人のダートゥーダーが木の枝（杖）を右肩に担ぎ、反転しながらゆったりと入場し、舞台を一巡してそのまま退場する。

二部
四人のダートゥーダーが杖を右肩に担ぎ、体を左右に反転しながら登場する。舞台中央で四人が向き合い、左人差し指と右手の杖を天に向けジャンプする。その後、互いに足元で三回杖を打ち合い、杖を地面にさしながら一回りする。また杖を右肩に担ぎ、左手を顔の前にかざしてあたりを見渡し、「ダートゥーダー、ダートゥダー…」と連呼しながら退場する。

小浜のダートゥーダー

三部　サール・ゲーイ
四人のダートゥーダーは右手の棒を上にあげ、左手を腰に入場する。右手の棒と左の人差し指を天に突きさしジャンプする。その後、左手を顔の前にかざしてあたりを見渡し、AがBの腰を両手で抱き、逆さにしてそのまま退場する。

四部

太鼓と銅鑼に合わせワクヤー役のダートゥーダーが、後ろ向きで右の人差し指を前方に突き出しながら登場する。続いて二人の肩にまたがったダートゥーダーが、左右の人差し指を交互に前方に突き出しながら登場する。ワクヤー役のダートゥーダーに誘われ、互いに指を突き出しながら舞台を一巡してそのまま退場する。

歌詞について　「あそつきの歌」の元歌は明治の初め頃、お座敷で流行した信州木曽の民謡の俗唄「ギッチョンチョン」である。歌い出しは「高い山から谷底みれば瓜や茄子の花盛りオモシロヤ　イヤーノ　ヒョウタンジャ　ソリヤエイト」から始まり、男女の仲を風刺した歌に八重山の布晒しの文句が入り、琉歌の替え歌となっている。

二部は意味不明。三部は「流行り病は怖いもの、台湾、沖縄の遊女の美しさよ」となるがこれも意味不明。内容はともあれ、この大和流行歌がどのような経路で遥か南の小島、竹富町小浜に伝播したかである。

喜舎場永珣によれば、「八重山の大和芸能が大和在番によって普及されたのは、琉球の在番が琉球の芸能を伝授して、八重山の琉球化に成功しつつあるのを見た薩摩は、在番なども芸術家を駐在させて、茶の湯、謡曲、能楽、浄瑠璃、活花、舞踊、狂言、弓道、割烹、カルタなどの近代日本の芸能文化をして八重山文化に貢献した」と述べている。

また廃藩置県後に多くの鹿児島出身者が八重山に移住していることから、当時の流行歌「ぎっちょんちょん」を持ち込んだものとも考えられる。

芸能について　一部では、小枝を持って誘導する二人の女性が登場する。これは嘉陽や儀間、名嘉真の南島踊りに見るクバ笠をかぶった二人の「チャンクロ」「トゥンツーグヮー」「シンバル打ち」と同じ演出である。

二部のダートゥーダーがあたりを見渡す所作は、「高い山から谷底見れば」の表現である。また、左の人差し指と右手に持つ杖を天に向けてジャンプする所作は、南島踊りの両手を天に突き出す所作である。

三部は、二人一組になって相手の腰を両手で抱き逆さにしてそのまま退場するが、明らかに「サール・ゲーイ」を簡易にした写しである。

四部の後ろ向きで登場する一人のダートゥーダーは、ワクヤーと呼ばれる獅子使い役であり、肩車のダートゥーダーは獅子を模したものである。

獅子舞の所作に獅子が肩車になり、高く伸び、そのまま返ったりして演技を披露するところがある。うまくその場面を模倣したものと考える。

また赤いカツラに天狗面をつけるが、赤いカツラに面をつける村は、伊江ペンシマに見ることができるし、胸掛けを付けるところは、那覇市安里や北谷南島踊りに見える。杖は四尺棒の替わりに過ぎない。

7　八重山わらべ唄の地域

(1)　石垣市新川南風ぬ島カンター棒

一　**トーヤヌ　ヤマタ**

アッパリシャンザン

ネーナッテ

ムングル　クバーサ

カビッテ

テントン　テントン　テントンテン（三線の擬音語）

※唐の家の山戸　きれいなお顔じゃないけれどクバ笠で着かざって

二　**ボーフリ　マムナ**

テントン　テントン　テントンテン

シシヌボーヤ

カーメーボー

カーメーボーヤ

シシヌボー

※棒踊りのマムナ（男名）

獅子の棒や亀（人の名）が得意である。

亀の棒や獅子の棒。

扮装　梶の木の皮を赤く染めたカツラをかぶり、白襦袢にタスキを掛け、背中にはパンノキ木の葉（摸造）を張り付ける。白ズボンをつけて赤の脚絆を巻く。六尺棒を持ち、二人がらみで「ヘイ、ヘイ」とかけ声をかけて打ち合う。

パンノキの葉

南風ぬ島カンター棒と獅子舞

三　フェーヌシマの成り立ち

南島踊りは一つの芸能でありながら、歌が「すんじーなりたや」からはじまる地域と「ちゃいんえーちゃ　ちーたちのうゆえー」からはじまる地域に分かれて伝播している。さらに「大和流行歌」「わらべ唄」「唐歌」「九州地方の田植え歌」で演じる村まである。

その歌の内容たるや、大和語に琉球語や中国語が入り混じり、さらにハヤシや三線、太鼓の擬音語が混入し、意味不明な歌詞となっている。それを琉球音階にのせて軽やかに歌って踊っているが、歌い手も踊り手もまったく意に介しない。

歌は数種類からなり、まったく異なっているにもかかわらず、扮装や芸態の大筋はどの地域も同じで、赤いカツラで登場し、鉄輪を付けた四尺棒を持つ。また南島踊りの特徴である「ハウ」の奇声を発し、上体を後ろに反る、手を高く上げる、足を高く上げ跳びあがる。さらにサール・ゲーイという軽業まで演じ、「棒をもって踊る」「素手で踊る」「軽業」の三部構成は、那覇市安里フェーヌシマの流れである。

　鬼面や胸掛けを付ける村、鉄輪の付いた四尺棒（錫杖）を持つ村、普通の三尺棒や四尺棒、杖に替えて演じる村、「チャンクロ」「トンツーグワー」「ダートゥーダー」の登場する村もあるが趣向を競い合い振り付けた演出になっている。

　なぜ鉄の輪を付けた棒を持つのか、七色の腰蓑や胸掛け、脚絆は何を意味しているのか、まったく意に介しない。そして歌の内容・意義を失って形だけで踊っている村がほとんどである。

　南ヌ島は、廃藩置県後に興った寒川芝居や仲毛芝居で演じられたものが、従来の琉舞と趣が異なる風流な芸能として、村芝居の舞台効果を求める地方に広く波及したものであると言えよう。

■参考文献

山内盛彬『琉球王朝古謡秘曲の研究』民俗芸能全集刊行会
山内盛彬『民俗芸能全集Ⅵ』民俗芸能全集刊行会
徐葆光（原田禹雄訳注）『中山伝信録』言叢社
文化庁監修『日本民族芸能辞典』第一法規出版
琉球新報社編『東恩納寛惇全集　第七巻』第一書房
日本レクリエーション協会監修『遊びの大辞典』東京書籍
宮尾與男『図説　江戸大道芸事典』柏書房
有賀要延『仏教法具図鑑』図書刊行会
小野泰博ほか九名編『日本宗教辞典』弘文堂
大島建彦ほか三名『日本の神仏の辞典』大修館
宮城文『八重山生活誌』沖縄タイムス社
黒島精耕『ダートゥーダー探訪の旅』沖縄自分史センター
喜舎場永珣『八重山民謡誌』沖縄タイムス出版部
新崎善仁『八重山民謡の考察』刊行委員会
下野敏見『鹿児島の棒踊り』南方新社
宮良賢貞『八重山芸能と民俗』根元書房
太田静男『八重山の芸能』ひるぎ社
池宮正治『沖縄の遊行芸』ひるぎ社
小浜島民謡集編集委員会『小浜島民謡集』小浜島民謡集編集委員会

第三編

渡来の芸能

棒踊りはどこから来たか

棒踊りは北は伊是名から南は与那国の島々まで波及し、その形態も「スーマチ棒」「組棒」「舞方棒」「南ヌ島」と多彩である。では棒踊りはどこから来たのか。

一　日本芸能の流入

1　鹿児島の棒踊り

六尺棒と三尺棒を激しく打ち合わせる棒踊りは、全国各地にみられる。現在でも棒踊りの盛んなところは、鹿児島県全域と宮城県南部、熊本県南部である。

六尺棒や三尺棒、あるいは長刀、鎌、太刀、槍といった武器を手にして、鉢巻、たすき、手甲、脚絆、草鞋の男衆が二列、三列縦隊に入場し、前後左右の者同士が互いに手にした棒などを打ち合わせて踊る。

鹿児島棒踊りの特徴は、田植え歌の調子に合わせて、二列縦隊で四人がらみ、あるいは三列縦隊で六人がらみで前後左右に打ち合う。鎌と六尺棒の切り合い、鎌と長刀の切り合い、六尺棒と鎌と三尺棒、三尺棒と鎌と三尺棒などの組み合わせは実に多彩である。

三尺棒が六尺棒のスネを切り込むと六尺棒は受ける。今度は六尺棒が三尺棒の足を払うと跳び、また切り込んできたのを棒の両端を握って受け止める。踊り手の最初の棒の構え、右耳元に垂直に立てて両手で持つ姿は、示現流剣術と同じである。

田植え歌で調子をとって棒を打ち合う以外は、どこか沖縄の棒踊りと似ている。六尺棒がらみと三尺棒がらみを主に演じ、六尺棒、三尺棒対長刀、鎌、鉈などの組み合わせや示現流の構えは、読谷村波平に伝わる波平棒にも見ることができる。

鹿児島の棒踊りの衣装を見ると、絣の一重を着流し、頭に鉢巻、背に長いタスキを掛け、黒い脚絆を巻いて草鞋をはく。また桜島町立桜峰小学校の運動会において小学生が白い鉢巻を締め、赤いタスキをかけて、緑帯を左腰に結んで演じる棒踊りは、一見して沖縄の棒踊りの衣装と何ら変わらない。

沖縄の衣装は、白上衣に白ズボンをつけ、頭はマンサージか鉢巻、タスキを掛け、腰帯を結び、白黒の縦縞の脚絆を巻き裸足になる。こうして見ると、さまざまな点で鹿児島の棒踊りと共通性があることが分かる。

二　韓国芸能の流入

韓国には、六尺棒こそ持たないがスーマチに似た農楽という芸能がある。また獅子舞、大綱曳き、角力、エイサーそして子供の遊びである板舞戯、イシナーグー、石蹴りなど、沖縄の芸能と類似したものが多い。

1　農　楽

韓国の伝統芸能「農楽（ノンアック）」は、鉦、銅鑼、太鼓、小鼓（パーランクー）を激しく打ち鳴らし、跳びはねながら渦を巻いたり解いたりして、幾つもの円陣を描いていく。この軽快な動きは見る者を圧倒する。

農楽の構成は、楽器を打ち鳴らす人たちを先頭に、村の象徴である農旗「農者天下之大本」と「令」と書いた三角旗が登場し、舞い手の二〇名近くが続く。鉦を打ち鳴らす指揮者を先頭に、一列縦隊から次々と隊形を変えながら、頭につけた羽毛を前後に振ったり、クルクル回したりして激しく跳びはねあげ、めまぐるしく円陣を巻いたり、解いたりして切れ目なしに新たな円陣をつくっていく。

由来は、古代の戦の進軍楽として士気を鼓舞するためであったとする説もあるが、たいがいは農作業による労苦を忘れ、作業の能率を高める役割を果たしながら、五穀豊穣を願い、また地震踏みなど「厄払い」の信仰的行事も兼ねているという。軽快でアクロバチックな動きを繰り広げる演技を除けば、円陣や手に持つ鉦、銅鑼、締太鼓、そして空にはためく農旗は、沖縄の祭りに見られる風景と同じである。琉球に韓国の農楽が伝播したかの判定は難しいが、円陣の巻き方や楽器、農旗などの一部を模倣したとも考えられる。

2　大綱引き

韓国の綱引きは、チュルテンギキ（索戦）と称し、長さ七〇メートル、重さ四〇トンの巨大な綱である。東西二組に分かれて引きあう綱には、雌綱と雄綱があり、西

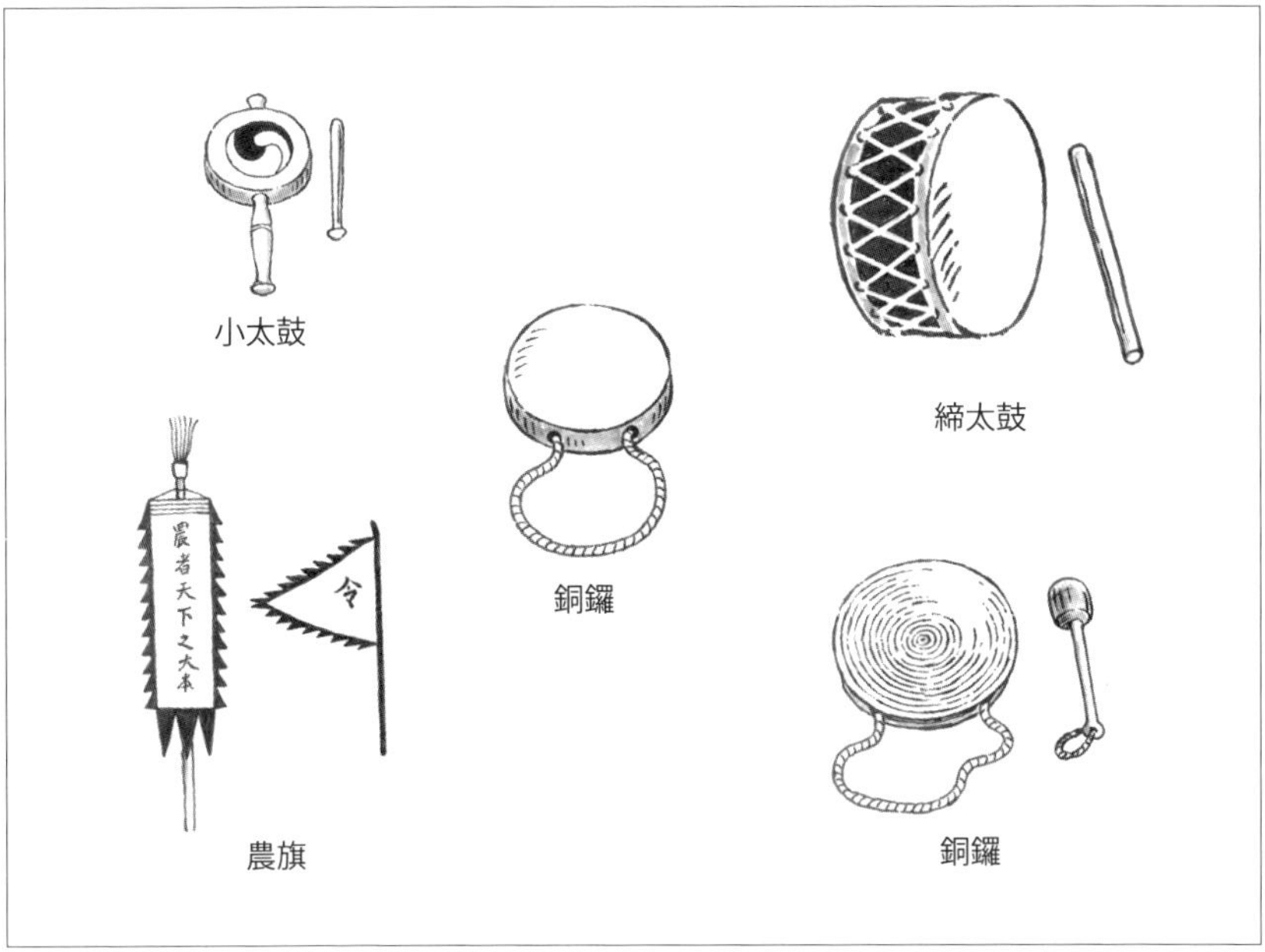

側が雌綱、東側が雄綱になる。

雌と雄の輪を綱首（チュルモク）といい、綱首の大きさは雌綱が大きく、雄綱はやや小さい。雌綱に雄綱を差し込み「首木（モンナッム）」をねじ込んで引く。雌綱の綱首に雄綱の綱首を差し込むことは、男女の交合を象徴するもので子を孕むことを意味する。

豊穣という祈りが託され、西の雌綱が勝てばその年は豊年になる。東側が雄綱で西側が雌綱になる理由は、東から太陽が昇ることから男を意味し、西の地に太陽が沈むことから女を意味する。

綱引きでは、群衆を鼓舞する農楽隊の鉦、銅鑼、太鼓が鳴り響き、村の象徴である農旗「農者天下之大本」と「令」の三角旗など、いろいろな旗や幟が乱舞する。綱の上では、鎧兜に扮装した将軍が陣頭指揮をとり、その後ろに中将や少将が続き、将軍を補佐しながら東西の士気を鼓舞する。

那覇の大綱引きは、雌雄二筋があって、小輪の雄綱のカヌチ（輪）に大輪の雌綱のカヌチを差し込み、カヌチ棒という丸太棒をねじ込んで固定し、鉦、太鼓の合図で

「サー」の掛け声もろともに引く。通常は西が勝つと豊作で東が勝つと凶作とされているが、村によっては東が勝つと豊作とするところもある。金鼓隊の鉦、銅鑼、法螺貝、太鼓が鳴り響き、支度といって仮想人物や組踊の人物が登場してくる。例えば、護佐丸や阿摩和利、鬼大城などがよく選ばれる。近年は牛若丸・弁慶を綱の上にのせるところもある。

村のシンボルである「旗頭」は、形や色彩を競って舞い踊り、太い竹竿の先の大灯篭を上下に打ち振る様は、天地を揺るがすほどである。

(1) 薩摩人が見た那覇大綱引き

明治五年六月、那覇大綱引きを見物した薩摩奉行の伊地知貞馨は、『沖縄志』に次のように記している。

「手に花枝を持った娼妓が二列になって舞いながら行く。その後に続いて、那覇の四村及び久米村よりいろいろな竿頭が立ち並び、鉦、太鼓を打ち鳴らし、隊をなして那覇街を巡行する。東村西村に分かれて大綱長さ六、七十間、廻り九尺余りを曳く。勝ち負けが決まると沖縄第一の壮観であり、街頭の群集は立錐の余地がない。

しかし、いろいろな摸造した竿頭や旗灯篭が乱舞しているけれども、その意味が分からない。

綱引きの起源は、ほとんど神代に始まるもので、那覇どころか沖縄全島いたるところで行われ、その原形はむしろ農村地域にみられるのである。那覇の綱引きの発達は、原始的な意義を忘れて、対薩摩外交に利用されて以来にあるらしい。世の中は、飢饉続きの上に、貨幣も替わり交換歩合の変動や物価が高騰し、市民生活難を訴えるときに、東西に分かれて綱引きをしている。

ようするに役人や関係者が首里政庁を動かして、無理に引かした那覇の綱引きは、ただ単なる見物のものに過ぎない」と辛らつに批判している。

(2) 中国人が見た綱引き

徐葆光の『中山傳信録』によれば、「六月は稲の大祭がある。吉日を選んで稲の神を祭る。この月のある夜に、百姓はみな綱曳きをして勝をあらそう」とある。もともとは稲作の豊穣を祈る行事であったのである。

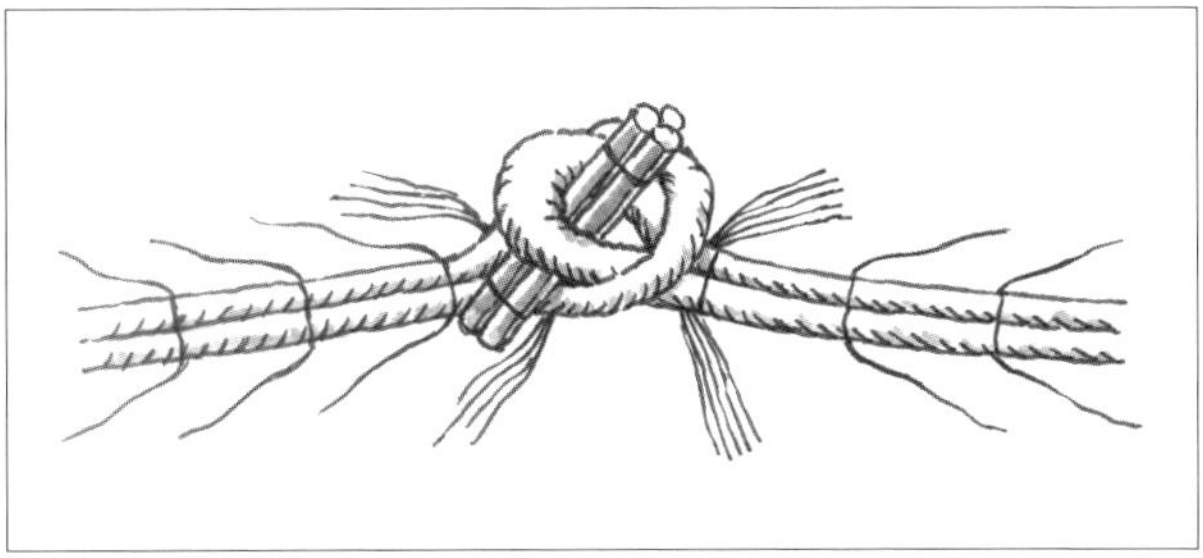

韓国の綱

沖縄と韓国の綱引きを比較すると、西は雌綱、東は雄綱の二筋からなり、小輪の雄綱を大輪の雌綱に差し込み丸太棒で連結して綱を引く。群衆を鼓舞する役目を韓国は農楽隊、沖縄は金鼓隊と称し、鉦、銅鑼、締太鼓を激しく打ち鳴らす。

　また農旗と旗頭、将軍と支度などのガーイ（応援）、引き終えた綱からワラを抜き取り、縁起物として持ち帰るところは、どの国やどの地域よりも酷似している。

3　獅子舞

　日本の獅子は布きれを覆うのみであるが、沖縄と韓国の獅子は、百獣の王のぬいぐるみをつくり、その中に二人が入り、ワクヤー（誘導者）の誘いによって楽器の伴奏で踊るところは同じである。

　しかし、韓国の獅子が家々を練り歩き、米や金をもらうところは日本の獅子と似ているが、沖縄の獅子にはそういうことは見られない。

韓国の獅子戯（サジャノリ）とワクヤー

一七一九年の『中山傳信録』（徐葆光著）によれば「少年二人が五色の衣装で、金色の毬を持って出る。毬の四方には小さな金の鈴がついており、長い朱の紐がついている。左右に舞いながら、二匹の青い獅子を連れて登場して、互いにたわむれる」とある。

この記録からすると、元々の獅子舞の登場は舞台である。ワクヤー（誘う者）がマリをもってじゃれ合う演技のみであった。それが明治になり、獅子舞が仲毛芝居で盛んに行われるようになると、獅子が肩車になり高く伸び、そのまま返ったり、トンボ返りしたり、柱によじのぼり、宙返りを行う演技を披露するようになる。当時の獅子舞を演ずる人は、空手のうまい人が選ばれたという。

御冠船踊りの舞台に登場した獅子舞は、首里、那覇はもちろんのこと遠く与那国まで波及し、毬の代わりに棒で誘うやり方になったりしている。地域によっては、いつしか舞台から下り、厄払いを演じることで村の守護神として祀られるようになる。

4 ソンソリ

沖縄ではお盆が近くなると、エイサー練習のはじまりを告げる三線や太鼓の音が鳴り響き、一年のうちで若者たちがもっとも躍動する時期となる。

エイサーは、三線地謡人衆と太鼓打ち人衆、踊り人衆によって構成され、着飾った男女が旧暦七月十五日のウークイ（精霊送り）の夜になると、三線、太鼓、踊人衆が行列をなして道行きの歌を唄いながら各家を廻り、その家の繁栄と無病息災を願う念仏踊りとされる。

一六〇三年、袋中上人が琉球にやって来て、浄土宗の仏の教えをわかりやすく民衆に説くために、踊り念仏として広めたのが始まりとするのが通説になっている。

韓国にも、エイサー踊りの原形と思われるようなソンソリという踊りがある。正月やお盆になると、若者たちが手に小太鼓をもって各家を往来しながら歌い踊り、お寺を助ける目的で、女性たちが各家からお布施をもらうのである。念仏を合唱しながら街を練り歩いたのが始まりとされる。

ソンソリ

朝鮮王朝になって仏教が衰退すると、男性の歌い手が取って代わり、歌もいつしかサンタリョン（山打令）という、軽快なリズムで山川草木の自然を歌った内容になって地方に広がる。

これと似た踊りが名越左源太の『南島雑話』に、奄美大島の八月踊りとして、「一日一夜村中家ごとに行き廻り踊り、代官所や横目、蔵方目付、村役、寺や島役の家により踊る」と記録されている。小太鼓合わせて踊っている様は、韓国のソンソリとそっくりである。

奄美大島の八月踊り

それからするとエイサーのはじめは、簡易な小太鼓パーランクーのみを打ち鳴らしながら歌を唄い、民家を回り、先祖供養、家の繁栄、無病息災を願う念仏踊りであった。やがて明治に入ると地謡三線がつき、締太鼓や見栄えのする大太鼓にとって代わる。また近年になるとエイサーのコンクールがはじまり、衣装は戦国武将のように、冠、陣羽織、脚絆の出で立ちとなり、祖先供養も何のその華やかさを競うようになる。

ともあれエイサーとソンソリは、どちらも仏教から発して同源であることは明らかである。

5　シルム

「すもう」に類似した力比べは、沖縄角力はじめ大和相撲、モンゴル相撲、韓国のシルム（角力戯）、そしてレスリングなど世界各国に見られるが、沖縄の角力とよく似ているものとして韓国のシルムがある。

沖縄と韓国の角力は大和相撲とは異なり、もともと常設された土俵はなく、原っぱや砂浜で行われる。取り組み方は、最初から四つに組み、しっかり互いに相手の帯をつかまえて行う。勝敗は、相手の背を地面につけた方が勝ちとなる。

韓国相撲

技の掛け方は、内掛け、背負い投げ、外掛け、腰投げ、膝払い、まわし投げなど、沖縄角力とほとんど同じである。多少異なるところはサッパ（まわし）を結び、片方の膝を曲げて互いに相手の腰と大腿をつかんだ後、同時に立ち上がって競技を開始することであるが、子供のシルムはサッパを使わず、沖縄角力と同様に両手で腰帯をつかみ、四つに組んでから競技を開始する。

6　板舞戯

「板舞戯（イチャウドゥイ）」は女児の遊びである。不思議なことに、この遊びは日本には類似したものはまったく見られず、沖縄と韓国にしか伝わっていない。

この遊びが古くからあることは、一七一九年に来琉した徐葆光は『中山傳信録』に、図入りで次のように説明をしている。「女の子は、正月には毬をついて遊ぶ。また板舞戯（イチャウドゥイ）というのがある。大きな板を、木のささえの上に横たえ、両端が地面から二、三尺ほど上に来るようにする。二人の女の子が板の上に立って、片方が上がると反対側が下りるのである。はずみをつけて五、六尺もとびあがるが、よろめいたり倒れたりはしない」とある。

板舞戯

ノルティギ

また、『渡名喜村史』によればこの遊びは大正末で行われたようであるが、現在ではまったく見られない。ところが韓国では、「ノルティギ」と称して、現在も正月になると娘たちが民俗衣装を着て、女子の代表的な遊戯として盛んに行われているのである。

金両基の『朝鮮芸能』には、「板を足の裏で踏んで跳びあがるので、足腰や骨盤が鍛えられて、お産が軽くなり、健康な男の子を産む。ノルティギは他国に見られない我が国固有の民族遊びとしての特徴がある。ただし韓国以外でノルティギに似たようなものが琉球にあることは、徐葆光の『中山傳信録』に記録がある。この記録から韓国のノルティギと、沖縄のものが同じ形態であることが分かる。この遊びが韓国から琉球へ伝わったものであるか、琉球から韓国へ伝わったものであるかは、我が国と沖縄との間に彼の地の商人、または亡命人、漂流民などを通した交流が頻繁だったことから推測すれば、ノルティギの習俗が沖縄に伝わったと考えられるが、その判定は難しい」と記している。

日本列島の多くの祭事や芸能は、中国の文化が朝鮮半島を経て日本へ漂着し、広がりを見せるのが一般的傾向である。しかし、この板舞戯は日本にはまったく見られないので、朝鮮半島から琉球へ漂着したのではなく、琉球から直接朝鮮へ伝わったものではと考えられる。

というのも、尚真王が即位した一四七七年、済州島の船が与那国に漂着し、そのうちの三人が救出され、那覇に送られて三年目にやっと朝鮮に帰国している。

その見聞記が朝鮮の『成宗実録』に残されている。彼ら三人は、琉球列島の生活風俗を見聞できたわけで、女の子が板舞戯で遊んでいるのを見たとも推測できるのである。

7　石ナーグー

五つの小石を床に広げ、一つを投げ上げると同時に、素早く一つをつかんで、落ちてくる石を同じ手で受け取る。次々と二個取り、三個取り、四個取りに進み、成功すると最後は五つの石を投げ上げ、それを手の甲で受け止めると、もう一度投げ上げて手の平でつかむ。手の中にある石の数が点数になる。沖縄では「石ナーグー」と呼んで、遊び方はほとんど同じである

コンギ（石おじゃみ）

ピソクチャギ（碑石蹴り）

8　石蹴り

地面に描いた四角線の枠内に、片足で跳びながら、平らな小石を蹴り入れる。地域によりさまざまなバリエーションがあるが、韓国ではピソクチャギ（碑石蹴り）と言う。

■参考文献

前田憲二『渡来の祭り　渡来の芸能』岩波書店

金宅圭『韓国農耕歳時の研究　上巻』第一書房

沖縄・韓国比較社会文化研究会編『韓国と沖縄の社会と文化』第一書房

本田安次『沖縄の祭と芸能』第一書房

当間一郎『沖縄の祭りと芸能』雄山閣

島袋全発『那覇変遷記』沖縄タイムス社

増田靖弘ほか編『遊びの大辞典』東京書籍

山内盛彬『山内盛彬著作集第一巻』沖縄タイムス社

徐葆光（原田禹雄訳注）『中山伝信録』言叢社

平敷令治『沖縄の祭祀と信仰』第一書房

儀保榮治郎『エイサー　沖縄の盆踊り』那覇出版社

朝鮮新聞『ウリ民俗』

巻末資料

棒術の起こり

沖縄の棒踊りは、主に六尺棒を持ち一人棒、二人棒、三人棒、四人棒、五人棒による一対一、一対二、二対二、二対三、一対四の組棒を一定のリズムで呼吸を合わせて、互いに突く、払う、打つ、飛び上がる、身をかわすなど約束の型を観衆受けする演武構成にしたのがほとんどで、武器も尺小と称する三尺棒が加わり、六尺棒対六尺棒、三尺棒対三尺棒、六尺棒対三尺棒、さらに槍、長刀、エーク（櫂）、鎌、ティンベーなどの組み合わせにより多彩になる。これらの組棒は明治から昭和にかけて創作されたものがほとんどで、戦時中は一時中断し戦後に復活するが、過疎化により消滅した棒や新たに創作された組棒もある。

棒踊りは全国各地にみられ、九州地方や鹿児島に伝わる棒踊りは三尺棒と六尺棒を基本としながらも、三尺棒と三尺棒、六尺棒と六尺棒、三尺棒と六尺棒、さらに六尺棒と鎌、六尺棒と鎌と六尺棒、六尺棒と鎌と三尺棒、鎌と長刀などがある。服装は、頭に鉢巻を結び、絣の着流しに長いタスキを掛け、腰帯を結び、わらじをはく。リズミカルな歌の調子と、ときどき入る元気のよい踊り手たちの囃子に合わせて二列縦隊の四人一組、六人一組で棒を打ち合う。これらの芸態は沖縄の棒踊りと、どこかよく似ていて、もとは一つであった踊りではないかと思わせる。特に三尺棒は沖縄では尺小（シャクグヮー）と称しているが、鹿児島地域では尺棒と称し共通性が見られる。

沖縄の尺棒が初めて文献に見えるのは義村朝義仁斎著『自伝武道記』に「松村宗昆翁の剣道の師は、伊集院という鹿児島の剣客で、示現流の名手であった。そして空手のほかに棍、すなわち六尺棒と木刀すなわち尺棒を習った」とある。つまり尺棒が転訛して尺小（シャクグヮー）と称するようになったのである。また各地の村棒の種類に「サク」

が随所に見えるが尺棒（シャク）が転化したものにすぎない。ただ棒の起こりについてよく引き合いに出るのが『沖縄一千年史』の「棒法は遠く三山割拠の戦国時代ありしことは、今に当時按司が使用した模型物等の存するを以って知られる。田舎の棒踊りも古い」の記述である。按司が使用した「棒の模型」が存在しているということであるが、模型とはどういう事だろう？　武将尚巴志や護佐丸が使用した棒あるいは名刀の模型ならわかるが、どこにもあるような天秤棒の模型では棒術の起こりとは言えまい。

また「慶長時代に槍棒法あり（自了伝）」については、『球陽』の尚寧王二六年（一六一四年）によれば「欽徳基、異人自了を生む」の見出しで「その兄槍棒の法を学ぶ。自了傍より窃観し、尽く其妙を得たり。後兄庭中においてその技を試むや、自了これを冷然として笑ふ。兄怒って曰く、汝我に破綻の処ありとおもふか。あるいは汝これに態するかと。自了棒を持して庭に下り、盤旋飛舞し、勢矯矢游竜の如く操縦すること法のごとくならざるはなし」とある。この内容からすれば槍の稽古であり、棒術のことではない。

琉球に古から日本武芸が数多く流入していることは、尚寧王（一六〇六年）の冊封使・夏子陽によれば「この国の書や武芸を教えているのはすべて倭人である」と言い、『沖縄一千年史』には「慶長の頃にはトリテ（ヤワラ）、ヰアイが流行した」。『琉球国旧記巻四』には「一六〇九年頃に津堅親方盛則が鹿児島で騎馬法を習得した」。『球陽』には「尚穆王代（一七五六年）に国吉親雲上良林が渡嘉敷親雲上と共に奈良原左衛門殿より槍術を習い、東苑（御茶屋御殿）において天覧試合をした」など次々と事例が出てくることから、当時の士族子弟は武器の携帯は許されてはいなかったが、数々の日本武芸を士族の嗜みとして身に付けていたのが分かる。

では、今日に伝承されている琉球古武術の棒術を見てみよう。

沖縄の棒術は、空手と同じく型を中心に構成され、型の中に種々の技法がしまわれている。棒術の演武は各種の型によってそれぞれの演武線に沿って演武する。演武線は、演武を最初に起こす位置すなわち起点から前方、後方、左右へ四方あるいは八方へと動き、最後は元の位置に必ず帰り、起承転結がはっきりしている。これは琉球舞踊のすべての扇舞の基本とされている「かぎやで風」の起点や演舞線によく似ていて、棒術の演武線は「かぎやで風」を参考にしたとも考えられる。ここでは、詳細な技法的説明はさて置き、棒術の種類には添石ヌ棍、徳嶺ヌ棍、佐久川ヌ棍、周氏ヌ棍、大城ヌ棍、志喜屋仲ヌ棍等がある。ほとんどが末尾に棍をつけ転訛して「クン」と称している。棍とは棒のことであるが、型名が「○○の棒」ではなく、なぜ「○○の棍」なのだろうか。

中国武術は流派が多く複雑であるが、中国棍術に関してはどの流派も末尾には○○棍と呼称している。棍棒の種類も長いもの、短いものがあって、通常は身長より若干長めの棍棒を使う。動作の名称は、弓歩撩棍（ゴンブリャオグエン）：弓歩の姿勢をとり棍を払いあげる。虚歩上撥棍（シェイブシャンボグエン）：虚歩の姿勢を取り棍を上にはらう。「弓歩背棍（ゴンブベイグエン）：弓歩の姿勢をとり棍を背に負うなどすべて末尾に「棍」を付ける。

起点は予備式と言って、両足をそろえ、気をつけの姿勢で右手に棍を持ち体の右側に立てる。目は左水平に見る。右手で棍を持ち上げ、腕をまっすぐ伸ばす。左手は右胸に添えて持ち演武を始め、四方、八方へ流動的に演武をする。最後は還原式（ホワンユエンシ）と言って最初の動作に戻る。

琉球に中国棍術や武器術が流入していることは仲井間憲里の劉衛流や又吉眞光の金硬流にも見える。仲井間憲里は、中国拳法のほかに兵法の武器としてコン（棍）、サイ、鎌、ティンベー、ヌンチャク、スルチン、槍、タンコン、グサン（杖）レンクワン、ゲキグワン、ビセントウ、タオファー、ダジョーなどを伝えている。

以上のことから沖縄棒術の型の末尾に「棍」を付けているのは中国棍術の影響によるものであると言えよう。

※『中山自了伝』によれば、自了（一六一四〜一六四四）は城間清豊と言い、生まれつきの聾唖で後に画家として名を馳せた人物。

各地の村棒の種類

市町村・区	スーマチ造形名	棒の種類
うるま市		
勝連津堅	チクラマチ	・津堅棒、津堅砂かち、津堅クラシン棒（暗闇棒）
勝連南風原	グーヤーマチ	・津堅手、津堅棍手、サンチン、サンチン小、エークヌ手、ナジナタヌ手、南ヌ島
屋慶名	チクラマチ	・漢那棒、一人三人棒、牛若ヌ手、三尺棒対六尺棒、スジイ棒（六尺棒）
天願	グーヤーマチ	・天願棒
	チクラマチ	
石川	グーヤーマチ	
勝連平安名		・南ヌ島テンテンブイブイ
読谷村		
波平	チクラマチ	・二人三尺棒：津堅手、槍手 二人六尺棒：ハジリ、ガマサグイ、オージメー 二人三尺棒対六尺棒：クンチリー、ナカウシナー、チチンチャー、トイ棒、クンチリーヌムト、シニスグイ、フリダシ、カチャーシー
長浜	グーヤーマチ	・津堅棒、砂かち棒、赤平棒、山内暗闇棒、カジチリ棒、足切り、ウービ切り、裏打ち、大割り、ふす打ち
座喜味	グーヤーマチ	・六尺棒による一番棒、二番棒、三番棒、畦流棒、三尺棒、三尺六尺棒、三方棒、三尺三人棒、六尺三人棒、不意打ち棒、牛若流
宇座	グーヤーマチ	・クラシン棒、エークぬ手、牛若棒、火棒、クサーウッチ棒

喜名		・ウーワイ、クーワイ、カジチリ、フィヌチ、津堅棒、ジジンドウ、ヤイの三つの型から構成する。津堅棒の影響が大きいとされる
渡慶次		・六尺棒対エーク、六尺棒対三尺棒、六尺棒対六尺棒
儀間		・南ヌ島
恩納村 仲泊		・南ヌ島
名嘉真		・南ヌ島
沖縄市 美里	グーヤーマチ	・槍対長刀、六尺棒による五人対五人、四人対四人、三人対三人、二人対二人、六尺棒対トゥンファー、十人による六尺一人棒、一九人による六尺一人棒
北中城村 島袋	国のゼーマチ	・薙刀対槍、三尺棒対六尺棒、刀の形、六尺棒対サイ、六尺二人棒。突き方、受け方、払い方の基本技を習い、力量に応じて組棒を構成して演じるので、決まった型や名称はない
熱田		・南ヌ島
宜野湾市 野嵩	アジケーマチ グーヤーマチ	・二人棒

浦添市		
内間	マチ棒	・一人棒、六尺棒対三尺棒、六尺棒対素手
前田		・周氏ヌ棍、趙雲ヌ棍、志喜屋仲ヌ棍、前田ヌ棒、二人棒：六尺棒対三尺棒、槍対薙刀、六尺棒対六尺棒、三人棒：六尺棒対二人三尺棒
小湾	グーヤーマチ	・アギバーリー
豊見城村		
保栄茂	鷹マチ	・棒対サイ、六尺棒対三尺棒、六尺棒対六尺棒、二人棒、三人棒、五人棒、ダンぬグサン、棒対サイ、棒対長刀、鐽対長刀
那覇市		
安里		・南ヌ島
北谷町		・南ヌ島
南風原町		
津嘉山	龍虎の巻	・二人六尺棒：野原棒、三月三日棒、ミーハナヌチ棒、又吉小棒、三人棒：六尺棒対四尺棒、二尺棒。左舞方棒と右舞方棒がある。
照屋		・舞方棒としてアブシ手、チキンの手
神里		・舞方棒としてのエークの手を六尺棒に改める
宮城		・ジジンヌ棍、佐久川ヌ棍、ウーランヌ型による舞方棒

糸満市		
喜屋武	インジラーマチ	・六尺棒対三尺棒、段ヌ棒、タンカー棒、サイヌ手、ティンベー、尺小、ハラーガーギリ
新垣	四方巻 八方巻	・段ヌ棒（四名）、トゥン棒（二名）、三人棒、ティンベー
真栄里	巻棒	・トゥン棒（四人棒）、ヘーヒャグサン（四方固めの棒）タンカー棒（一対一）、三人棒（一対二）、
真栄平	巻棒	・段ヌ棒、トゥン棒、ティンベー
南城市		
佐敷津波古	ゼーマチ	・一人棒、二人棒、三人棒、四人棒、五人棒
玉城前川	チンナマーマチ グーヤーマチ	・ハジリ棒（ケンカ棒）、舞方棒（三種類あった）
奥武島	潮巻	・津堅赤人暗闇ヌ棒、大槍ヌ手、槍小ヌ手、砂かちヌ手、尺小ヌ手、ブイ小ヌ手、櫂ヌ手、津堅棒、 舞方棒
知念志喜屋		・志喜屋仲ヌ棒、二人棒、四人棒、段ヌ棒
佐敷屋比久	ウママチ グーヤーマチ ナミマチ	・ティンベー、カマンティ（鎌の手）鎌対六尺棒
字佐敷		・ダンヌムン、二人棒三人棒、四人棒、ンケー棒

八重瀬町 東風平富盛	ウフ巻 グーヤーマチ	・ニシぬ手 エイぬ手、太刀の手、ハジリミージチ、棍ぬ手、サイと棒、津堅手 ・ヘーぬ手 牛若、イリクミヤー、ハジリダシ打ち
東風平		・アガリビラ（東平） マチガラシ棒、ワタジリ棒、尺棒、ピンアン棒、クミダ棒、トゥン棒、津堅手、クンヌ手、牛若棒、 三人棒、忍び棒 ・イリビラ（西平） マチガラシ棒、尺棒、エークヌ手、山内棒、ピンアン、ティンベー、クーサンクー
具志頭安里	マンナマーマチ	・尺小、尺フアジリ、ミーヌチャー、ミーヌチャーフアジリ、トゥン棒、二人六尺、津堅手、 津堅手ぬ棍、新六尺、六尺小
西原町 小波津		・フーガキ、エーク手、ヤイ、長刀、ティンベー、一人棒、三人棒
金武町 並里	チクラマチ	・二人棒、三人棒
伊芸		・南ヌ島

宜野座村		
宜野座	潮巻	・六尺二人棒、三尺棒対槍
名護市		
数久田	チングー巻	・マヤー棒、大読谷山棒、槍棒、横打ち棒、二人棒、六尺ヌ裏、ミーボー、読谷山小、槍対尺小、ハラ棒、ヤイぬウットゥ、トゥヌギャー、ヤイ棒
久志	チクラマチ	・三人棒（二人三尺棒対六尺棒）、槍対長刀、二人棒
仲尾次		・三尺棒対六尺棒、六尺棒対六尺棒、サイ対ヤリ
羽地	三方巻 ムカデマチ	
辺野古	チクラマチ グーヤーマチ	・オーギメー棒、ミーヌチャー棒、アブゲー棒、三尺棒、長刀対六尺棒、南ヌ島
呉我	ムカデ巻	・前三尺棒：三尺棒対六尺棒、中三尺棒：三尺棒対六尺棒、サイ対六尺棒、ハマンタ（釜蓋）：ハマンタ対槍。戦後稲田小学校教頭仲井間憲孝（劉衛流四代目）から習う
田井等	三向巻	・三尺棒対六尺棒、ハマンタ対槍、サイ対六尺棒。戦後稲田小学校教頭仲井間憲孝（劉衛流四代目）や上地完文（上地流始祖）から指導を受ける
我部祖河	巻棒	・三人棒
嘉陽		・南ヌ島

本部町		
具志堅	潮巻き	・大クン：二人対一人、クン小：一対一、裏棒、サイ対槍
瀬底	チクラマチ	
伊豆味	巻き棒	・三人棒、あじ棒、タンカー棒、六尺棒、三尺棒、サイ
今帰仁村		
湧川	グーヤーマチ	・一四組棒がある。必ずどの組棒も足きりの技がはいる。 段ぬ棒、タンカー棒、六尺棒の一対一、二対一
今泊	ムカジマチ	
仲宗根	ムカジマチ	
久米島町		
具志川	タカマチ	・段ぬ棒、タンカー棒、六尺棒一対一、六人棒二対一
伊是名村		
諸見	マンナマチ	・六尺棒による一方棒、二方棒、三方棒、砂カブヤー（三尺棒）、ウイマーハー（三尺対六尺）、ウフスグイ（二人六尺棒）、ヌチ棒、ウッケイ棒、ミーヌチ
仲田		・尺棒、ヤンバル・スグイ、ミーヌチ、島棒
勢理客		・三人棒：鎌対二人棒

伊平屋村		
我喜屋	タカマチ	・エーク、ガンカン棒
粟国村		
粟国	マンナマチ	・エイ小、ウラアンジク、二人棒、ミーヌチャー、ウフエイ、ウフハジク
伊江村		
西江上		・ペンシマ（南ヌ島）
宮古島市		
下地川満	棒振り	・主に六尺棒と三尺棒で演じ、槍、鎌、櫂、サイ、ティンベーなどを組みあわせて演じる
上野新里		・二尺棒によるチビ棒を演じる
上野野原		・マストリャー：二尺棒によるチビ棒を演じる
多良間村		
仲筋と塩川		・棒アース（棒を合わせる）：ニーニン棒（二人棒）、トウ棒

石垣市		
登野城と白保		・前ヌ二人（三尺棒）、後ヌ手（三尺棒）、槍対長刀、弁慶ヌ手、六尺ヌクイ手、槍対槍、六尺ヌ手、サンチンヌ手、鎌対六尺棒、ガギヌクンス手、ガギトウ棒
宮良		・白保、宮良には上記の棒以外に津堅棒がある
新川		・パイヌシマ（南ヌ島）
竹富町		
祖納		・六尺棒、三尺棒、長刀、鎌、槍、腕棒。
		・ヤフヌティー：二人棒、三人棒、五人棒、ミングル棒、テイカミ棒、ガーハイ棒。
小浜		・ダートゥーダー
波照間		・ティンベーと鎌対大長刀、大鉈対長刀、棒対二丁鎌、長刀対棒、棒対棒。
与那国町		・ぶ（武）

棒術名一覧

NO	棒術名	創始者	出典
1	徳嶺ヌ棍	徳嶺親雲上盛普・明治期の人。八重山の慶田花宣佐へ伝承されたものを喜屋武朝徳が継承	
2	米川ヌ棍	山根流の流祖知念筑登之親雲上眞三良の棒	村上勝美『琉球古武術棒術入門』
3	周氏ヌ棍（大・小）	山根流の流祖知念筑登之親雲上眞三良の棒	村上勝美『琉球古武術棒術入門』
4	白樽ヌ棍（大・小）	山根流の流祖知念筑登之親雲上眞三良の棒	村上勝美『琉球古武術棒術入門』
5	添石ヌ棍	添石殿内に伝わる	
6	末吉ヌ棍	首里儀保村の末吉親雲上安扶の伝える棒術説と添石の棍と同一説がある	
7	志喜屋仲ヌ棍	知念村の志喜屋仲の編み出した棒術	
8	瀬底ヌ棍	新垣翁（世璋）から摩文仁賢和へ受け継がれ、平信賢に伝わり現在へつながる	『沖縄空手古武道辞典』
9	大城ヌ棍	大城朝恕が編み出した棒術	『沖縄空手古武道辞典』
10	佐久川ヌ棍（大・中・小）	唐手佐久川は佐久川寛賀説と佐久川春郷説がある	
11	北谷屋良ヌ棍	北谷村の屋良親雲上の棒術	
12	趙雲ヌ棍	三国志の武将槍の名手趙雲からの呼び名	
13	朝雲ヌ棍		硬軟流空手道守礼会保存
14	浦添ヌ棍		井上元勝『琉球古武術』
15	白松ヌ棍	山根流棒術の流れをくみ、松林流系統に伝承	『沖縄空手古武道辞典』
16	公望ヌ棍	劉衛流に伝わる	『沖縄空手古武道辞典』
17	祝嶺ヌ棍		琉球少林流空手道協会保存
18	津堅砂掛けの棍	別名エークぬ手（櫂）と言い、全興盛津堅親方盛則の作とされるが確証はない	
19	津堅棒	津堅島に伝わる棒	
20	津堅大棍		全沖縄空手古武道連合会保存
21	金剛ヌ棍		井上元勝『琉球古武術』
22	三尺棒、四尺棒、六尺棒、八尺棒		全沖縄古武道連盟保存・金硬流
23	六尺棒、五尺杖術、杖、二丁短棒、打ち棒、槍術		本部御殿手
24	大屯棒		琉球古武道南原守礼館保存
25	平安座小ヌ棍		琉球古武道南原守礼館保存

古武術一覧

No	古武術の種類	流派及び会派
1	北谷屋良のサイ	琉球古武道保存振興会
2	浜比嘉のサイ	琉球古武道保存振興会
3	津堅志多伯のサイ	琉球古武道保存振興会
4	津堅繁多小幸良小のサイ	琉球古武道保存振興会
5	慈元のサイ	琉球古武道保存振興会
6	多和田のサイ	琉球古武道保存振興会
7	湖城のサイ	琉球古武道保存振興会
8	屋嘉のサイ	琉球古武道保存振興会
9	屋良小のトンファー	琉球古武道保存振興会
10	浜比嘉のトンファー	琉球古武道保存振興会
11	スルチン二丁鎌	琉球古武道保存振興会
12	ティンベー	琉球古武道保存振興会
13	手甲	琉球古武道保存振興会
14	棒術（三、四　六　八尺）	全沖縄古武道連盟
15	サイ術（二丁、三丁）	全沖縄古武道連盟
16	ヌンチャク（双節棍）	全沖縄古武道連盟　琉球古武道保存振興会 小林流松村正統沖縄古武道協会 劉衛流空手道・古武道保存会
	ヌーチク	全沖縄空手古武道連合会
	ヌウチク	本部流古武術協会
17	三節棍	全沖縄古武道連盟

18	薙刀	全沖縄空手古武道連合会
19	トゥンクワー術 トンファー トイファー（トゥンファー）	全沖縄古武道連盟　北谷村野里の伊禮翁から又吉眞光へ伝授 全沖縄空手古武道連 小林流松村正統沖縄古武道協会 本部流古武術協会合会　中国から伝来
20	ヌンテイ術	全沖縄古武道連盟　上海で又吉眞光修練
21	スルチン術	全沖縄古武道連盟　小林流松村正統沖縄古武道協会 上海で又吉眞光修練　劉衛流空手道・古武道保存会
22	ティンベー術	全沖縄古武道連盟　上海で又吉眞光修練 劉衛流空手道・古武道保存会
23	鎌術（二丁鎌の手）	全沖縄古武道連盟
24	櫂術（エーク手）	全沖縄古武道連盟
25	テッチュウ（手中、鉄柱）	全沖縄古武道連盟
26	テッコウ（手甲、鉄甲）	全沖縄古武道連盟
27	鍬術（クェーの手）	全沖縄古武道連盟
28	棒	全沖縄空手古武道連合会
29	サイ	全沖縄空手古武道連合会　小林流松村正統沖縄古武道協会 劉衛流空手道・古武道保存会
30	カマ	全沖縄空手古武道連合会　劉衛流空手道・古武道保存会 小林流松村正統沖縄古武道協会
31	櫂	全沖縄空手古武道連合会
32	スッテキ	全沖縄空手古武道連合会
33	杖 グサン	全沖縄空手古武道連合会 劉衛流空手道・古武道保存会

34	二丁短棒	全沖縄空手古武道連合会
35	剣技	全沖縄空手古武道連合会
36	手技	全沖縄空手古武道連合会
37	荒技	全沖縄空手古武道連合会
38	投げ技等の取手	全沖縄空手古武道連合会
39	取手返し	全沖縄空手古武道連合会
40	槍 ヤリ	全沖縄空手古武道連合会 劉衛流空手道・古武道保存会
41	按司の舞方	全沖縄空手古武道連合会　本部流古武術協会
42	レンクワン	劉衛流空手道・古武道保存会
43	ゲキグワン	劉衛流空手道・古武道保存会
44	ビセントウ	劉衛流空手道・古武道保存会
45	タオファー	劉衛流空手道・古武道保存会
46	ダジョー	劉衛流空手道・古武道保存会
47	タンコン	劉衛流空手道・古武道保存会
48	クサリガマ	小林流松村正統沖縄古武道協会

沖縄古武術史年表

一一八七年　・舜天王即位。
一二六〇年　・英祖王即位。
一三五〇年　・察度王即位。
一三九二年　・閩人三十六姓帰化。中国音楽、礼法などの文教が入る。
一三九七年　・朝鮮と通交始まる。
一四〇六年　・思紹王即位。
　　　　　　・尚巴志、中山王武寧を滅ぼす。
　　　　　　・戦国時代に按司の使用した棒の模型が存する？（真境名安興『沖縄一千年史』）
一四一六年　・尚巴志、北山王攀安知を滅ぼす。
　　　　　　・攀安知の名刀「千代金丸」現存。
　　　　　　・当時の按司たちの使用する武器、武具はほとんど大和からの輸入。
一四二九年　・尚巴志が三山統一。
　　　　　　・この頃の役人は日本刀を帯刀。
一四五三年　・この頃、中国の「三眼銃」鉄砲伝来。

一四七九年　・尚真王の冊封使来琉。
一五〇五年　・尚真王は地方の按司を首里に住まわせ、すべての武器類を王庫に収蔵し武事を止め帯刀を禁じる。
一五二二年　・宮古の仲宗根豊見親が尚真王に宝刀治金丸を献上。
一五二四年　・京阿波根実基が王命で京都に赴き、治金丸を磨かせる。
一五五四年　・屋良座森グスク（城）に砲台設置。
一五七九年　・尚永王の冊封使来琉。
一五八八年　・沖縄村棒の源流となる示現流開祖東郷重位生まれる。
一五九一年　・琉球は戦争になれてないから、兵を送るに及ばない。（豊臣秀吉の命）
一五九二年　・謝名一族反乱、鎮圧される。
　　　　　　・この時、毛鳳儀（池城）は槍を振るって奮闘したので「槍揮池城」として名を馳せた。
一六〇五年　・王府高官が「銃・大小二百挺」を保有。

一六〇六年 ・尚寧王の冊封使来琉。
・「この国の書や武芸を教えているのはすべて倭人である。「城、壕もなく、武具はなまくらで数がそろっているだけである。倭人は一〇〇〇名近くが刀を携帯して交易をしている。」
（夏子陽『使琉球録』）

一六〇九年 ・島津の琉球侵攻。
・津堅棒の始祖全興盛津堅親方盛則が権勢を誇る。また薩摩で騎馬法習得し持ち帰る。

一六一四年 ・この頃、トリテ、ヰアイなど流行する。
（『沖縄一千年史』）
・琉球絵師の自了（城間清豊）の棒は飛鳥の如し。（『球陽』）

一六一七年 ・津堅親方を鹿児島に抑留する。

一六二五年 ・津堅親方が平民に落とされ薩摩から琉球に帰る。この頃、津堅島に渡る。

一六三三年 ・尚豊王の冊封使来琉。

一六四〇年 ・武魁春野国親雲上宗保が島津光久の前で暴れ馬「仲黒馬」を乗りこなして賞賛される。

一六四一年 ・尚賢王即位。

一六四四年 ・異国船に備え、西表に砲台設置。
・若狭の外間が薩摩で磨刀法を学んで帰国し、磨刀主取となる。

一六六三年 ・尚質王の冊封使来琉。
・天妃廟の東演武場で冊封使官兵演武を行う。（『張学礼使琉球記』『中山紀略』）

一六六七年 ・羽地朝秀『羽地仕置』大和芸能奨励令を出す。

一六八三年 ・尚貞王の冊封使来琉。
・国内に兵がいない。手には長い竿の鑓を持っているが、その先は寸鉄すらない。兵制はほとんど農民に任せている。
・親雲上《ペーチン》、筑登之《チクドゥン》は弓矢を習い、家には刀と鎧があった。この国は、城郭もなく戦いの装備も少ない。外敵の侵入には神に頼む。（汪楫『冊封琉球使録三篇』）

一七一三年　・「素嗜武芸善棒拳之法」（『球陽』）。

一七一九年　・尚敬王の冊封使来琉。

・国を運営し、官庁を運営する場合、文武の両系統が尊重されなければならないが儀衛使、武備使、武官系がほとんどない。（徐葆光『中山傳信録』）

一七二八年　・蔡温三司官となり薩摩の世になってからは、いたって静穏な国なので武道は決して必要としない。

・薩摩に武具、武器は管理されて、渡唐の際に借りる。（蔡温『夢物語』）

一七五六年　・尚穆王の冊封使来琉。

・辻山演武場で冊封使官兵を行う。（周煌）

・公相君が数名の弟子と来琉し、空手の源流となる「公相君」の型を伝える。

・この頃は、唐手の名はなく新奇の組合術と称された。（『大島筆記』）

・国吉親雲上良林、渡嘉敷筑登之親雲上が奈良原左衛門殿より槍術を習う。東苑（御茶屋御殿）で天覧試合を行う。

一七七二年　・添石の棍の始祖添石良徳生まれる。

一七七八年　・上級士族の子弟は武士の嗜みとして示現流、からむとう・やわら、天龍槍、長刀などを稽古。（『阿嘉親雲上直識遺言書』）

一七九七年　・知念筑登之親雲上思可那生まれる。

一八〇〇年　・尚温王の冊封使来琉。

・辻山演武場において冊封使官兵が槍の試合を行う。（李鼎元『使琉球記』）

一八〇一年　・手ツクミと称して、薩摩那覇奉行所において瓦割り、手刀演武。（熊本範士『薩遊記行』）

一八〇四年　・首里手の祖松村宗昆生まれる。

一八〇八年　・尚灝王の冊封使来琉。

・この頃、津堅棒の達人津堅赤人活躍。

一八一四年　・多和田筑登之親雲上真睦生まれる。

一八一七年　・読谷村長浜棒は、首里御殿に勤めていた山内ウメーが赤平棒と山内暗闇棒を伝える。

一八一九年　・劉衛流の祖仲井間憲里生まれる。

一八二二年　・徳嶺の棍の祖徳嶺親雲上盛普生まれる。

一八二八年　・王府武道検察官の安里安恒生まれる。

一八二九年　・泊手中興の祖松茂良興作生まれる。
　　　　　　・松村宗昆が薩摩で天眞自源流印可免許を得る。

一八三一年　・近代空手の父糸洲安恒生まれる。

一八三四年　・金城大筑眞三良生まれる。

一八三八年　・尚育王の冊封使来琉。
　　　　　　・御冠船踊り「中秋の宴」の演目に「武術唐棒」が見える。

一八四二年　・知念筑登之親雲上眞三良（山根のウスメー）生まれる。

一八四五年　・劉衛流祖仲井間憲里が龍劉公に師事。
　　　　　　拳法の型：サンチン・セーサン、ニーセーシー、サンセールー、セーユンチン、オーハン、パーチュー、アーナン、パイクー、ヘイクー、パイホー。
　　　　　　武器術：サイ、カマ、ティンベー、コン（棍）、槍、タンコン、ゲキグワン、ビセントウ、タオファー、ダジョーの型が琉球に入る。

一八五〇年　・空手が沖縄から奄美大島に伝わり、拳法術ツクネスと称した。（名越左源太『南島雑話』）
　　　　　　・津堅アカナー読谷村波平へ津堅棒を伝える。

一八五三年　・那覇手中興の祖東恩納寛量生まれる。

一八五七年　・本部御殿手の十一代宗家本部朝勇生まれる。

一八六六年　・尚泰王の冊封使来流。
　　　　　　・屋部軍曹・屋部憲通生まれる。
　　　　　　・御冠船踊りの演目に「組棒」が見える。
　　　　　　・冊封使ワイシンザン、イワー、アソンが来流し首里手、那覇手の源流となる昭霊流、昭林流の流儀を伝える。
　　　　　　・この頃、泊手の源流となる泉州南安人が

「チントー」「チンテー」「ヂーン」「ヂッタ」の型と手配りを伝える。

一八六七年・久米村三六九会において唐手演武が行われる。

新垣通事（世璋）が「十三歩」、真栄里筑登之親雲上（蘭芳）が「籐牌」、眞栄田筑登之親雲上が鉄尺、眞栄田筑登之親雲上と新垣通事親雲上が棒並唐手と交手（組手）、新垣通事親雲上が「ちしやうきん」、富村筑登之親雲上と新垣通事親雲上が「籐牌対棒」、池宮城秀才が「車棒」、富村筑登之親雲上が「壱百〇八歩」の型の演武。

・大城親雲上武多が玉城村前川へ棒の指導をする。

一八六八年（明治元年）

・近代空手道の祖船越義珍生まれる。

一八六九年（明治2年）

・花城長茂生まれる。

一八七〇年（明治3年）

・本部朝基、喜屋武朝徳生まれる。

一八七二年（明治5年）

・琉球王府の武道検察官安里安恒が首里近郊の村々の演武会を視察。この頃から非常に武道が盛んで青年子弟ばかりか、時の大家先生までも出て唐手を実演した。

一八七八年（明治11年）

・上地流の祖上地完文生まれる。

・東恩納寛量が福州より帰国。ペッチュウリン、サンチンの型と鍛錬用具を持ち帰る。

・屋比久孟伝生まれる。

一八七九年（明治12年）

・琉球処分、沖縄県となる。

・琉球救国運動の脱清人、徴兵忌避者、唐一倍商人等が福州へ渡り、護身術としての唐手が盛んになる。

一八八〇年（明治13年）

・津堅島の「多幸山壺屋のタンメー」が読谷村座喜味へ棒伝える。

一八八三年（明治16年）
・警察武道は主として撃剣（剣道）からはじまる。

一八八七年（明治20年）
・村芝居、村棒が盛んになる。
・屋部憲通、花城長茂等一〇名が沖縄初の志願兵となり、軍隊に唐手を紹介。

一八八八年（明治21年）
・東恩流祖許田重発、剛柔流祖宮城長順、金硬流祖又吉眞光、遠山寛賢、大城の棍の始祖大城朝恕生まれる。

一八八九年（明治22年）
・警察武道として剣道採用される。

一八九〇年（明治23年）
・剣道が師範学校、一中に採用される。

一八九三年（明治26年）
・沖縄の武具は玩具に等しく、武器は刀、槍、薙刀、弓矢、鉄砲、火焔筒、十手、捕縛、棒、柔術などがあるが、他府県に同じである。（笹森儀助『南嶋探険』）

一八九四年（明治27年）
・柔道が警察武道に採用される。

一八九五年（明治28年）
・日清戦争勝利祝勝会が泊の潟原で行われ、スーマチと各地から選ばれた村棒が演武される。読谷村波平はハンザ棒五組を演武。
・大日本武徳会設立。
・三宅三五が剣道教師として採用され師範学校、一中、警察で指導。

一八九七年（明治30年）
・平信賢生まれる。

一九〇一年（明治34年）
・首里尋常小学校において放課後糸洲安恒が唐手指導を始める。
・沖縄県視学官小川鋹太郎が、唐手を文部省へ具申。

一九〇二年（明治35年）
・三宅尚三、柴田朝雄が京都武徳殿大日本柔剣道青年大会出場。

一九〇四年（明治37年）

・又吉眞光がティンベー、スルチン、ヌンティ、十三（セーサン）、五十四歩（ウーセーシー）、十七歩（ウーセーチー）を中国より持ち帰る。

一九〇五年（明治38年）

・師範学校、一中はじめ各学校に唐手採用。

・花城長茂が初めて「空手組手」を表記。

・屋部憲通、花城長茂が生徒有志二〇人に、首里当蔵国学跡の沖縄銀行敷地内でナイハンチなどの練習を開始、時折東恩納寛量宅に通ってサンチンを稽古。師範学校では糸洲安恒、屋部憲通や徳田安文、一中では花城長茂、二中では許田重発、那覇商業、警察では宮城長順が唐手の専任講師となる。

一九〇八年（明治41年）

・糸州安恒が「糸洲十訓（唐手心得十か条）」を著す。

・七月京都武徳殿大日本柔剣道青年大会。剣道に橋口達雄、石原笑古、他一名、柔道に玉城武太、徳田安貞ほか一名の選手を派遣。その時、徳田安貞が大会に先立ち唐手演武を行う。（大日本武徳会報第九号）

一九〇九年（明治42年）

・京都武徳殿大日本柔剣道青年大会。剣道の部高嶺朝光、金城順則、柴田米三、柔道の部徳田安貞、比嘉某その他一名が出場。

一九一〇年（明治43年）

・津堅島棒祭りの時に佐敷津波古の若者四人が四人棒を盗み取り津波古へ伝える。

一九一一年（明治44年）

・師範学校の生徒六名が東京へ修学旅行時、嘉納治五郎に招待されて唐手演武、形の解説、板割りなどを紹介。

・中学校に撃剣（剣道）が正課となる。

・京都武徳殿大日本柔剣道青年大会。剣道の

部に島袋光裕、小川清、他一名、柔道の部に三名出場。

一九一二年（大正元年）
・呉賢貴来流。
・漢那憲和艦長、出羽大将第一艦隊が中城湾に寄港。下士官十数名が県立第一中学校において、一週間の唐手稽古をする。

一九一三年（大正2年）
・第一次世界大戦前年に泊の潟原において勝利祈願、集団棒スーマチを行う。

一九一四年（大正3年）
・安里安恒「沖縄の武技―唐手に就いて」を冨名腰義珍が号松濤名で琉球新報に掲載。

一九一五年（大正4年）
・御大典記念祝賀演武会において、冨名腰義珍がクーシャンクー、又吉眞光がトゥンクファー術を演武。

一九一六年（大正5年）
・富川盛武が武道専門学校に入学し初めて剣道を修業する。
・京都武徳殿大日本武徳会設立二〇周年記念大演武会において冨名腰義珍がクーシャンクー、又吉眞光がトゥンクファー術を演武。

一九一八年（大正7年）
・師範学校武術研究会開催。本部朝勇のショーチン、喜友名翁のパッサイ、山根三良の棒、屋部憲通が五十四歩の型を演武。

一九一九年（大正8年）
・大日本武徳会は剣術、撃剣を剣道へ、柔術を柔道へ、弓術を弓道へ改称する。

一九二一年（大正10年）
・又吉眞豊生まれる。

一九二二年（大正11年）
・冨名腰義珍が文部省主催「第一回古武道体育展覧会」において空手資料紹介のため上京。
・講道館で冨名腰義珍がクーシャンクー、儀間真僅がナイハンチと約束組手の演武を紹介し、空手の中央への進出が始まる。

一九二四年（大正13年）
・嘉納治五郎が、那覇市久米町に講道館支部の尚武館柔道場開きのため来沖。

一九二五年（大正14年）
・赤嶺栄亮生まれる

一九二六年（昭和元年）
・「沖縄唐手倶楽部」を若狭町に建設。当時の空手家の大家から若手までが月に2回集まり、空手の研究会を開く。

一九二七年（昭和2年）
・屋部憲通ハワイにおいて沖縄県人へ空手紹介。
・嘉納治五郎が柔道有段者会のため来沖し、摩文仁賢和や宮城長順等に空手の全国への普及をすすめる。

一九二八年（昭和3年）
・昭和天皇御大典祝賀が泊の潟原で行われ、集団棒スーマチが披露される。

・柔道、剣道は学校において正課としたが、唐手は少しも振るわなかった。

一九三二年（昭和7年）
・仲宗根源和の企画による演武会開催。那覇昭和会館、中頭地方事務所、糸満小学校において本部朝基、喜屋武朝徳、宮城長順、知花朝信、城間真繁、宮城嗣吉らが演武。
・上地完文が和歌山で「パンガヰヌーン流空手術研究所」開設。
・宮城嗣吉が北海道、東京、京都を空手行脚する。
・久高幸利（後の小林寺流拳行館唐手の祖）が満州で空手紹介。

一九三三年（昭和8年）
・大日本武徳会支部を設置。同時に唐手道が本部の許可を受ける。
・東恩納亀助と陸奥瑞穂がハワイ全土において空手紹介。

一九三四年（昭和9年）

・宮城長順ハワイにおいて沖縄県人会へ空手紹介。
・沖縄県警察武道に唐手採用。
・宮城嗣吉が日本海軍に空手紹介。

一九三五年（昭和10年）
・剛柔流、松濤館流、糸東流、和道流が初めて流派を名乗る。

一九三六年（昭和11年）
・琉球新報「沖縄空手大家の座談会」において「空手表記」について話し合いがされる。

一九三七年（昭和12年）
・沖縄県空手道振興協会発足
・空手道基本型十二段を制定。
・支那事変が始まると唐手は学校体育から姿を消し、警察のみで行われるようになる。

一九四〇年（昭和15年）
・紀元二千六百年奉祝天覧武道大会。六月、神武天皇即位二六〇〇年を祝い皇居済寧館で開催。種目は剣道、柔道、弓道を実施（空手演武はない）。

一九四一年（昭和16年）
・太平洋戦争開戦勝利祈願して泊の潟原において集団棒スーマチを行う。

一九四五年（昭和20年）
・終戦

二〇〇五年（平成17年）
・十月二十五日を「空手の日」に制定。

■図版所蔵・提供者一覧

P２・３	『集団演技写真集　中学生部門　海邦国体』（集団演技推進協議会）
P４上	うるま市教育委員会
P４下	津嘉山 太
P６下	糸満市教育委員会
P８上	宮古島市教育委員会
P８下	宮古島市教育委員会
P９下右	与那国町教育委員会
P９下左	津嘉山 太
P 10 上	『沖縄県人物風景写真帖』(沖縄人物風景写真帖刊行会)
P 10 下	『沖縄県人物風景写真帖』(沖縄人物風景写真帖刊行会)
P 11 上	安里南之島保存会（撮影／山城盛善）
P 11 下	熱田フェーヌシマ保存会
P 12 上	伊江村教育委員会
P 12 下	大森一也
P 25 上右	沖縄県立博物館・美術館
P 26	沖縄県立博物館・美術館
P 28	うるま市教育委員会
P 50	うるま市教育委員会
P 79	糸満市教育委員会
P 97	八重瀬町役場企画財政課
P 117	月刊沖縄社
P 125 上	宮古島市教育委員会
P 125 下	宮古島市教育委員会
P 126	宮古島市教育委員会
P 127 上	津嘉山 太
P 127 下	津嘉山 太
P 128 上右	津嘉山 太
P 128 下右	津嘉山 太
P 128 上左	津嘉山 太
P 128 下左	津嘉山 太
P 138	金武町教育委員会
P 140 上	名護市教育委員会
P 146	名護市教育委員会
P 150	熱田フェーヌシマ保存会
P 152	北谷町教育委員会
P 154	伊江村教育委員会
P 156	大森一也
P 159 右	南山舎やいまタイム
P 169 下	奄美市立奄美博物館
P 171 上	榕樹書林

■資料提供／奥武島棒術保存会（会長／津波古 敏治）

■撮影協力／安里南之島保存会（会長／玉城 正守）

■挿絵／漢那瑠美子

（敬称は略させていただきました。所蔵者不明の図版は転載書名を掲載しました）

あとがき

本書『沖縄の棒踊り』をまとめるにあたり、実に三〇年の年月を費やした。北は伊是名から南は与那国までの広範囲にわたる調査や資料集めは難渋を極めた。棒踊りをまとめる中で疑問に感じたのは、日本大百科全書や世界大百科事典、その他の文化芸能誌に沖縄の棒踊りとして「南ヌ島」を紹介しているが、集団棒（スーマチ）についてはほとんど触れていないことであった。

「南ヌ島」は余興的な要素を多分に取り入れた棒踊りの一種であり、沖縄には空手、古武術を加味した勇壮な集団棒（スーマチ）と、実戦さながらの村棒があるのではないかとの思いが募った。本書で、全国に類を見ない集団棒（スーマチ）を紹介できたことは嬉しい限りである。また、スーマチの展開図はマスゲームとして現代でも通用するものであり、学校現場等で参考にしていただければと願っている。

最後に、快く資料を提供してくださった区長さんや伝承者の方々にお礼申し上げる。また八八歳という高齢にもかかわらず、快く棒術の型を披露してくださいました勝連南風原の川根宇清氏、子どもたちに獅子舞や村棒を継承指導している親田政利君の協力、津堅島のペークーガマの実地検分や島の芸能調査に同行協力をしてくれた東原清信氏に感謝申し上げる。

二〇一八年十二月一日

勝連 盛豊

著者／勝連盛豊（かつれん・せいほう）
一九七〇年　国士舘大学体育学部体育科卒業。
海外子女教育派遣教員サンパウロ日本人学校。
海邦国体集団演技中学校班巡回指導講師。
㈶沖縄県公園・スポーツ振興協会指導主事。
元中学校校長。

●主な著書
『沖縄あそびの図鑑』沖縄出版　一九九七年
『検証　沖縄武術史　沖縄武技―空手』沖縄文化社　二〇一七年
国立青少年教育振興会機構
　『子どもゆめ基金助成活動』平成二五年度
『つなげよう沖縄昔あそび』ＤＶＤ企画監修

検証　沖縄の棒踊り
二〇一九年七月一六日　第一刷発行
著　者……勝連 盛豊
発行者……徳元 英隆
発行所……有限会社 沖縄文化社
那覇市松川二―七―二九　〒九〇二―〇〇六二
☎０９８（８５５）６０８７
Ⓕ０９８（８５４）１３９６
振替〇二〇七〇―一―二四八七四
印　刷……株式会社 東洋企画印刷
© Seihou Katurenn 2019
ISBN978-4-902412-34-5 C0039
落丁・乱丁本はお取り替え致します。
禁無断転載

この印刷物は個人情報保護マネジメントシステム
（プライバシーマーク）を認証された事業者が印刷しています。